# 建设汽车时代真正紧凑型不堵车城市理论和方法

（论文集）

深圳市维时科技公司　董国良　著

中国建筑工业出版社

**图书在版编目(CIP)数据**

建设汽车时代真正紧凑型不堵车城市理论和方法(论文集)/董国良著. —北京:中国建筑工业出版社,2004
ISBN 7-112-06673-5

Ⅰ.建… Ⅱ.董… Ⅲ.城市运输—交通运输管理 Ⅳ.U491

中国版本图书馆 CIP 数据核字(2004)第 055078 号

责任编辑:姚荣华
责任设计:彭路路
责任校对:王 莉

**建设汽车时代真正紧凑型不堵车城市**
**理论和方法**
(论文集)
深圳市维时科技公司
董国良 著

*

中国建筑工业出版社出版、发行(北京西郊百万庄)
新 华 书 店 经 销
北京市彩桥印刷厂印刷

*

开本:787×1092 毫米 1/16 印张:9 字数:214 千字
2004 年 6 月第一版 2004 年 11 月第二次印刷
印数:2,501—3,700 册 定价:**30.00** 元

ISBN 7-112-06673-5
TU·5827 (12627)



本社网址:http://www.china-abp.com.cn
网上书店:http://www.china-building.com.cn

# 前言

能否建成真正紧凑型不堵车的城市，已经成为城市可持续发展的瓶颈问题。

首先，紧凑型城市的标准是什么？作者对此进行了深入的论证。认为必须是在人口密度为15000人/公里$^2$左右，汽车拥有率为600辆/千人的条件下不出现交通拥堵和停车难的现象。

作者发现，堵车这个“城市癌症”的基因，是城市道路级配结构中存在着无法克服的内在矛盾。这是一个逻辑矛盾，作者称之为“道路悖论”。

作为一家之言，文中提出了“交通供需密度匹配定律”、“交通流匹配定律”、“速度趋同定律”等九项定律；提出了“平均车速决定论”、“小汽车城内使用论”、“城市可持续发展一票否决论”等十个观点和城市最佳密度计算方法、道路可靠性提高方法。文中还就建设紧凑型不堵车城市的规划方法做了比较性研究，提出了科学的规划目标体系和实现十三项基本规划目标的定量(不是定性的或概念性的)方法。

作者根据上述理论，设计并优选出一个能彻底解决建设紧凑型不堵车城市的方法。这个方法并不复杂，可以对现有城市实施“4倍汽车容量道路交通系统改造工程”，可以对新城区建设实施“6倍汽车容量道路交通系统建设工程”。作者坚信这是建设紧凑型不堵车城市有效的、可行的方法。也许这就是早在1933年《雅典宪章》提出要寻找的“新的街道系统”，也许这就是1977年《马丘比丘宪章》所呼吁的要“找到确有很大改进的解决城市土地(有限)的办法”。

本集中的论文仅对建设紧凑型不堵车城市的部分问题做了研究，今后作者还将陆续发表《老城区交通改造步骤研究》、《关于提高公交出行分担率的研究》、《关于提高步行出行分担率的研究》、《紧凑型城市中实现空间宽裕度的方法研究》、《新交通模式下交通管理的研究》、《高速步行机的研究》等论文。

建设紧凑型不堵车城市是一个非常复杂的系统工程，需要多专业、多学科的专家及学者的共同努力。本集中论文是作者多年来的初步研究成果，肯定会有不当和疏漏之处，欢迎指正和共同探讨，也希望就作者将陆续发表的论文中的主题与业内人士进行共同研究。

# 总 目 录

# 第一篇

## 破解城市堵车难题
## 创新思路产生治本新方法

# 前　言

城市产生堵车的根源在于现行城市道路分为四级的方法违背交通流匹配定律。按照这个分级的方法，要解决交通拥堵，必须同时既要增加快速路的比例，又要增加快速路以外其他道路的比例，这是一个无法解决的逻辑悖论。本文提出了“平均车速决定论”，可以从根本上摆脱这个悖论，为寻找城市堵车的治本方法提供了科学的思路，从这个思路出发，本文提出了“老城市四倍汽车容量道路交通系统改造工程”和“新城市建设六倍汽车容量道路交通系统工程”，并对平均车速决定论的内容和逻辑关系做了全面的论述。

# 目　录

# 概　述

城市堵车是一个世界性的难题，早在1933年著名的《雅典宪章》就提出了寻找“新的街道系统”以适应汽车交通的需要。70年过去了，“新的街道系统”还没找到。不但堵车问题没有得到根治，而且汽车交通造成了城市严重的低密度扩散。以致于1977年的《马丘比丘宪章》又呼吁，要寻找解决土地资源有限阻碍城市发展问题的办法。城市堵车和城市滥占土地，这两个严重问题至今没有找到真正的解决办法。

多年以来，发达国家一直致力于实现建设（不发生交通拥堵的）紧凑型城市的目标。人们深知一旦实现这个目标，上述两个严重的问题就能同时得到解决。但是，建设紧凑型城市这一目标至今也没有找到实现的途径。

造成上述局面的原因是无法克服城市道路交通系统改造的盲目性。中国城市交通规划学术委员会副主任全永燊说出了我们的共识：“我们对城市交通的属性特征及其自身发展的内在规律还缺乏足够的、准确的认识。因此，我们解决交通问题的思路和具体方法就难免带有一定的盲目性，事倍功半（甚至事与愿违）也就是自然的结果了。”（资料来源：《路在何方》）

经过多年的研究，本文提出彻底克服上述盲目性的理论，并提出彻底解决城市堵车难题的治本方法（该方法作为我国的自主知识产权，已经申请了国内专利和国际专利）。

## 一、“平均车速决定论”产生解决城市堵车的科学思路

**这里讲的平均车速是指整个城市道路上全部在途车辆在交通高峰时的平均速度。**平均车速决定论指明要解决城市的堵车问题，不能仅靠修新路，更重要的是要通过改造，将城市中所有道路的车速都提高起来，才能解决包括微循环堵车

在内的全部交通拥堵问题。

本文将证明：

(1) 城市交通中高峰期全市的平均车速，是决定交通畅堵和城市用地等28项技术经济指标中惟一的本源性要素(详见本文“四”)；

(2) 只要将市区路全部改造为快速路，将平均车速提高至60～70公里/小时左右，堵车问题和城市用地问题以及建设紧凑型城市的问题就同时得到了解决；

(3) 在平均车速为60～70公里/小时左右时，涉及城市功能和资源消耗的其他25项指标恰好都得到满意的数值(详见本文“五”)。

(4) 解决全市平均车速的问题是解决城市堵车、城市用地等问题的惟一治本的途径，其他办法是不能治本的。

**要把解决城市堵车的全部努力集中到一个点上——千方百计提高平均车速，并为此全力寻找能将市区道路全部改为快速路的方法，建成《雅典宪章》所期盼的“新的街道系统”，这就是解决城市堵车的科学思路。**在城市道路交通这个领域中，全市的平均车速决定一切，这就是“平均车速决定论”，它是解决城市堵车科学思路的理论根据。

城市在进入汽车时代以后，汽车将遍及大街小巷。那种希望通过几个大的道路工程来解决全市交通拥堵的想法，显然已经不合时宜了。只有把目光从几条线上转到“面”上，即把目光转到提高整个路网中所有道路的通行能力上来，设法使全市路网中所有的道路都变成快速路，将全市的平均车速提高到每小时60～70公里左右，彻底恢复道路应有的通行功能，城市交通问题才能一劳永逸地得到彻底解决。关于这个思路真理性的有关问题，作者在《汽车城市交通工程学探讨》论文中作了深入的阐述。

## 二、道路悖论及摆脱方法

现有城市道路交通系统模式的基础是城市道路的级配结构，在这个级配结构中将城市道路分为四级：快速路、主干路、支干路、支路。这四级道路密度的比例为1∶2∶3∶6，其中快速路占1/12，约为8%。

本文作者发现，城市道路的这种级配结构将使城市交通陷入一个无法摆脱的悖论。这个逻辑上的悖论正是造成如下怪圈的内在原因。

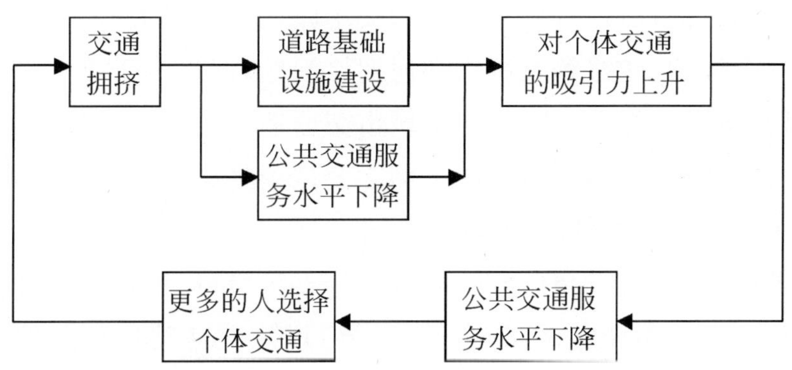


我们将这个悖论称之为“道路悖论”。揭示这个悖论中的内在规律，并最终找到完全摆脱这个悖论的新的城市道路结构，将使城市交通进入完全畅达的新时期。

**1. 城市交通拥堵所产生的第一个推论**

在城市道路现行的级配结构中，随着汽车数量的增加，交通拥堵首先产生在快速路的进出口道路上。这种局面的产生，往往会得出下述结论：产生这种交通拥堵的原因，是与快速路配套的支路或支干路太少。人们通常会说，国际上通行的城市道路级配结构是金字塔型的，即四级道路的比例为 1∶2∶3∶6，而我国城市四级道路的结构不是这样。因此，认为必须增加支路和支干路的比例，解决我国城市道路级配结构不合理的问题。**简而言之，快速路进出口道路拥堵现象的产生，使人们得出了需要增加支干路或支路比例的结论，这就是交通拥堵所产生的第一个推论。**

**2. 城市交通拥堵所产生的第二个推论**

随着城市车辆进一步增加，在逐步改善快速路进出口道路之后，城市开始出现了第二阶段的交通拥堵，这就是在城市的快速路上普遍出现了交通拥堵现象。这个交通拥堵现象又会促使人们得出一个新的结论：必须增加快速路的道路密度，以提高快速路的通行能力，这就是交通拥堵现象所导致的第二个推论。按照这个推论，当城市汽车数量越来越多时，快速路的道路密度也越来越高。

**3. 道路悖论**

按照上述第一个推论，解决城市交通拥堵的办法是增加支路和支干路的比例，但这将导致快速路比例的降低，也就是快速路的密度降低。

按照上述第二个推论，解决城市交通拥堵的办法是增加快速路的密度，也就是增加快速路的比例，但这将导致支路和支干路比例的降低。

按照第一个推论，能够解决城市交通拥堵问题，但是由于第一个推论将会否定第二个推论，所以又将导致不能解决城市交通拥堵的局面。按照第二个推论，能够解决城市交通拥堵问题，但是由于第二个推论将会否定第一个推论，所以也将导致不能解决城市交通拥堵的局面。

将第一推论和第二推论综合在一起进行演绎，可得：增加支路和支干路比例的努力将导致减少支路和支干路比例的结果；增加快速路比例的努力将导致减少快速路比例的结果。

这是一个典型的悖论，我们称之为“道路悖论”。这是一个在现行城市道路级配结构中，人们无法克服的悖论。如果将堵车看成“城市癌症”的话，道路悖论就是这个癌症的基因。

**历史的就是逻辑的**（恩格斯名言）。前述悖论中的逻辑矛盾，在国内外很多大城市交通改造的历史中，都发生过生动的演绎。前述两个阶段的交通拥堵现象，在北京城市交通的历史上都先后出现过，北京道路交通改造也曾按照上述第一个推论和第二个推论做过很多努力。目前，北京正处于第二个交通拥堵局面之中，即交通高峰期二环路、三环路都处于交通拥挤的局面，平均时速常常在10公里/小时左右。

按照《汽车时代交通工程学探讨》第三章的“交通流匹配定律”，当车流密度较高，道路服务水平较低时，交通间断流的道路根本无法与交通连续流的道路（快速路）相匹配，现行的四级道路结构永远无法消除交通拥堵现象。

按照《汽车时代交通工程学探讨》第三章的“速度趋同定律”，在现行的四级道路级配结构中，随着车辆的增加，快速路上将发生车流速度降低到与非快速路车流速度大体相同的趋同现象，快速路的功能将完全丧失。

**4. 摆脱道路悖论的方法**

根据交通流匹配定律，城市中的市区道路必须全部为连续流交通，即全部为快速路，才能满足这个定律的要求。

根据速度趋同定律，只有城市路网中任何一部分道路都能保持汽车快速行驶，其他道路才能保持快速行驶的局面，其结论同样是：城市中市区道路必须全部为快速路。

因此，摆脱这个“道路悖论”的方法就是将城市中市区道路全部建成快速路。如何将这个方法转换为具体的设计方案呢？请阅《汽车城市交通工程学探讨》第八章。

在理论上，市区道路全部为快速路是可以做到的。但是必须解决三个难题：一是，与平面交叉路口相比，这个快速路网的立交桥不多占用土地，以适应现有城市道路的改造和满足城市不多占用耕地的要求；二是，要解决人车彻底分离，建设宜人的步行系统（含自行车道）；三是，要同步地解决大量汽车的停车系统。

《汽车城市交通工程学探讨》第八章中的设计方案全面解决了上述三个难题。

## 三、解决现有城市堵车的治本方法——4倍汽车容量道路交通改造工程

所谓四倍汽车容量道路交通改造工程，是指现有城市按这个方法进行道路交通系统改造之后，全市不堵车的汽车保有量可以提高到四倍，例如，按北京市目前道路情况，不堵车的汽车保有量只是135万辆，如按这个方法对北京市道路交通系统进行改造后，不堵车的汽车保有量可提高到540万辆。

采用《汽车城市交通工程学探讨》中所提出的方法，将地面行车道路全部只供机动车使用，逐步将市区道路的交叉路口全部改为十字型的简单立交，不需要设立专用的匝道，不需要多占用土地，用相邻的支路完成匝道的功能。这样可以取消交叉路口的红绿灯、取消人行横道，汽车无需停顿，实现连续行驶，使汽车平均行驶速度由每小时15公里提高到每小时60～70公里。并在进行上述改造的同时，从总体上改善路网结构，包括拓宽道路瓶颈、打通部分支路等。

上述的十字型简单立交桥与分离式立交桥结构相同。可以依据立交桥的不同宽度，按照标准化、系列化的结构进行设计和组织工厂化施工，以利于缩短工期和保证施工质量。如果按每个路口的改造时间为3个月来计算，整个城市分三期全面铺开施工，估计交叉口的全部改造工作大约需要2年左右的时间。

**在完成机动车道的上述改造之后，城市的汽车容量将可以提高到4倍，包括**

**微循环在内的交通拥堵可以基本消除。**

在上述道路交通改造中，是通过提高汽车平均车速（4 倍）来达到大幅度提高城市汽车容量的目的，这在本质上是充分挖掘现有道路的通行能力，所以改造工程既节约投资，又节约时间。此外，带有根本重要性的是，这种改造方法提高了城市中所有微循环道路的通行能力（4 倍），从而消除了产生堵车的根源。

在进行上述机动车道改造的同时，采用《汽车城市交通工程学探讨》中所提出的方法，对人行道和自行车道同步进行改造。在人行道的改造中可以暂时保留部分地面的人行道，以维持路边商店商业功能的正常发挥。**由于彻底解决了堵车问题，并且取消了红绿灯，公交车速可提高 1～2 倍，实现了真正的快速公交，**所以城市有条件暂时取消自行车交通，用节约下来的大量道路投资补贴公共交通，大幅度地降低公交车票价，使骑车人改乘公共交通（对于自行车道，也可以采取高架路的办法，架设若干条自行车专用道路，其建设费用远远低于机动车高架路，施工也比较简单、快捷）。

**以上的改造方式有三个好处：**

（1）将地面道路全部供汽车行驶（不需要建设供汽车行驶的高架路）。这样既实现人车彻底分流，提高道路的安全性和可靠性，彻底解决堵车问题，又能够缩短道路交通改造的时间，并大量节约道路投资。

（2）建设与机动车道完全分离的、独立的人行道和自行车道，有利于弱势群体的出行，有利于减少机动车道交通量。

（3）从长远效果来看，将使城市用地、车均道路投资、车均能源消耗等资源性指标节约 75%左右，有利于城市的可持续性发展。

现有城市近期的道路交通系统改造可以按上述方法进行，长期的改造应随着城市建筑的更新改造，逐步将地面道路全部改建为机动车道，补充扩建停车系统，并设置独立的步行系统。具体方法参见《汽车城市交通工程学探讨》。

## 四、新城区可建成 6 倍汽车容量的道路交通系统

**按下述方法规划建设新城区的道路系统，可以使新城区的汽车容量提高为现行交通模式的 6 倍，并且彻底解决包括微循环在内的交通拥堵，可以同时建成**

**车位充足的停车系统和人车彻底分离的、宜人的步行系统。**

新城区机动车道的路网结构应尽量选择方格式路网，干路间距 $L$ 取 700 米左右，干路之间设一条支路，在道路面积率为 22%时，干路取双向 10 车道，支路取双向 6 车道，干路的交叉口设分离式立交（隧道式或跨路桥式），不设专用匝道，用支路完成匝道的功能。路网示意图如下。

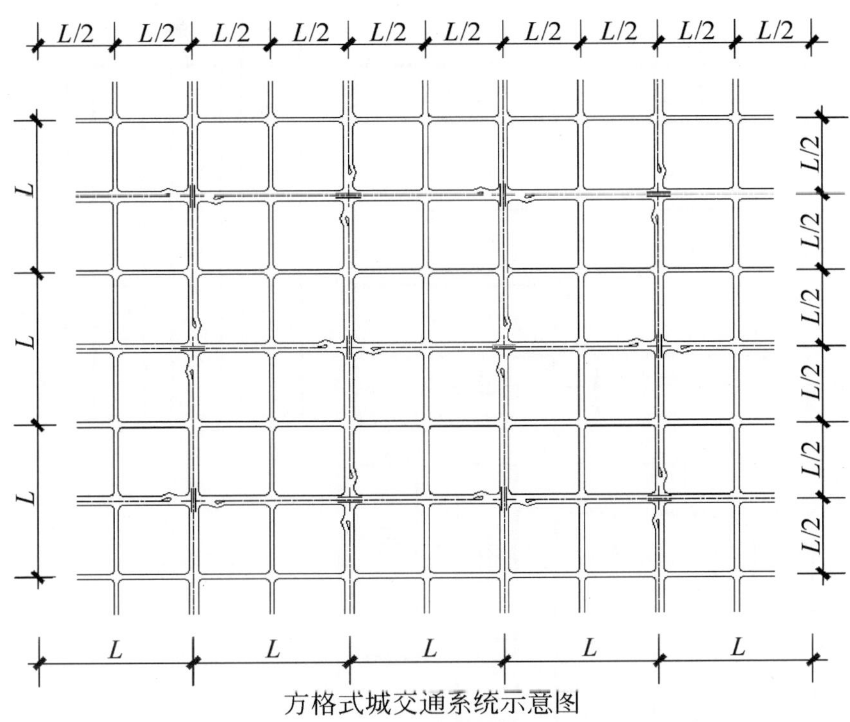


方格式城交通系统示意图

按照所述方案建设新城区的道路交通系统，可以实现每平方公里汽车容量为 9000～10000 辆，这相当于现行城市交通模式下汽车容量的 6 倍，同时可以实现每平方公里具备 10000～11000 个停车位。

新城区道路交通系统的详细设计方案见《汽车城市交通工程学探讨》中专利说明书。

## 五、平均车速决定论的逻辑关系图

说明：

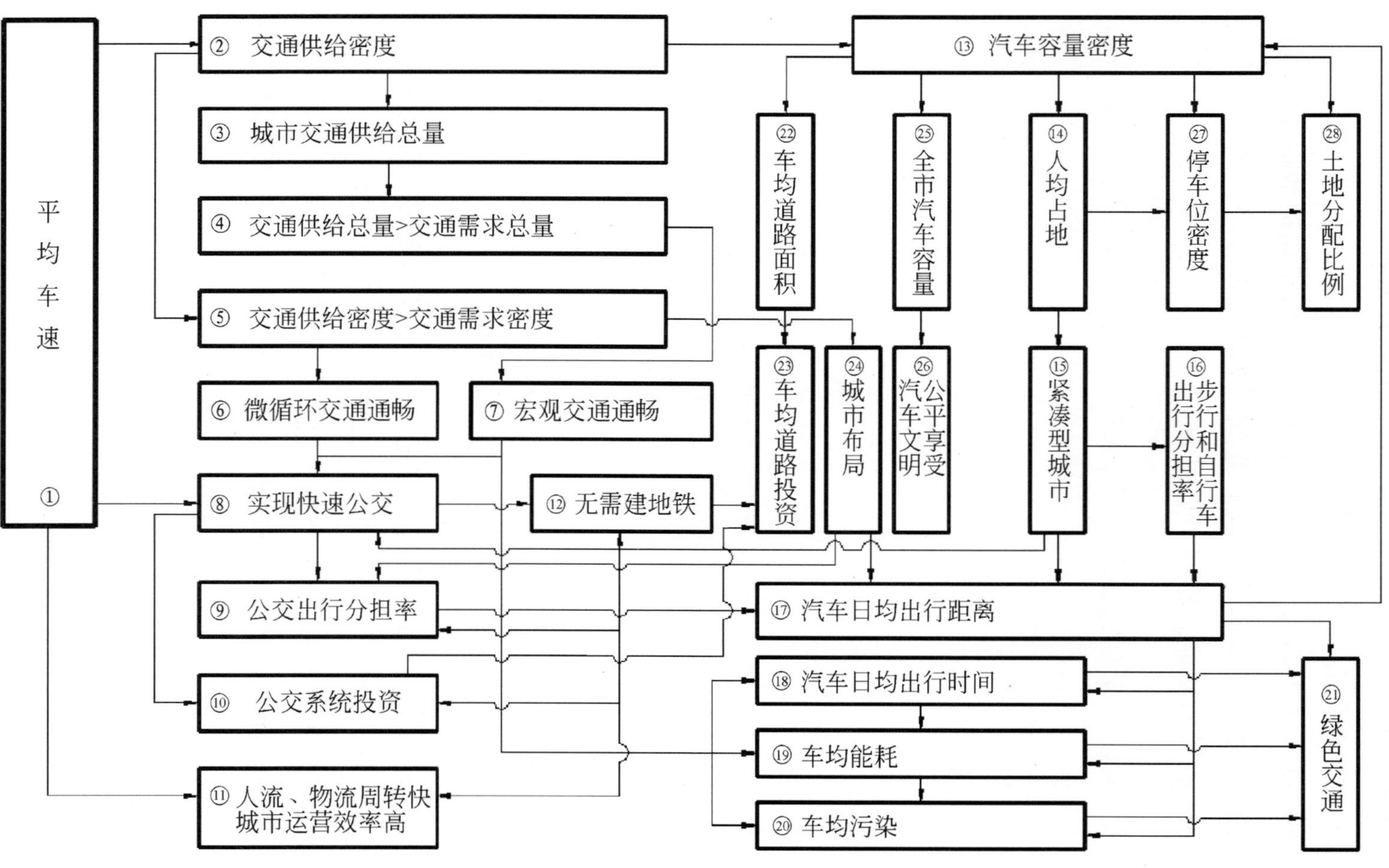

“平均车速决定论”逻辑关系图

(1) 图中共有 28 个方框，每一个方框中标注一个指标的名称和这个指标的代号(标注代号是为了便于下文中的表述)。

(2) 图中的箭头表示指标之间的关系，箭头起点方框内的指标对箭头终点方框内的指标起决定作用，即后者是前者的函数。

(3) 从图中可以看出，指标"①平均车速"的方框只有向外的箭头，没有向内的箭头，这表明该指标是本源性的指标。该指标对箭头所指的方框中的指标起决定作用，并通过逐级传导作用对方框图中的其他所有指标，间接地起决定作用。可见，这个逻辑关系图形象地说明了"平均车速决定论"的内涵。

## 六、平均车速决定论的基本内容

平均车速决定论反映了汽车时代城市交通的内在规律：**城市道路交通可持续发展的诸多指标，全部取决于交通高峰期城市道路在途车辆的平均车速。**计算表明，当城市路网中全部道路皆为快速路，平均车速为 60～70(公里/小时)左右，城市道路交通系统不但可以满足饱和汽车拥有率(600 辆/千人)时交通完全畅达的要求，而且可以满足城市土地占用指标、汽车能耗等二十多项指标的要求，实现城市的可持续发展。

为了便于理解，本章采取案例方式进行叙述。

本案例假定条件如下：城市人口 600 万；

城市人口密度 15000 人/公里$^2$；

道路面积率 22%；

车道占道(路面积)率 75%；

市区道路全部为快速路，交通为连续流；

平均车速 65 公里/小时。

### 1. 平均车速

平均车速是指全市在途车辆起讫全程的平均行驶速度。平均车速 60 公里/小时，是假定所有交叉路口均为简单立交，是汽车不停顿行驶所允许的正常速度，在干路上这个速度也可以提高到 70 公里/小时。这个速度接近汽车的经济时速，油耗较低，尾气污染也比较低。

**2. 平均车速决定交通供给密度**

首先要给交通供给量下一个明确的定义：

交通供给量（车·公里/小时）＝车道长度（公里）×汽车密度（辆/公里）×平均车速（公里/小时）

这里特别需要说明，本文对交通供给量的定义和通常的定义并不相同。通常，用城市的交通资源代替交通供给量，所谓交通资源是用时空来定义的。即：

日交通资源＝道路长度×24 小时

这个定义不能真正反映城市交通供给量，因为它只包括了静态特性——道路长度，而没有包含动态特性——汽车行驶速度。显然，道路的静态特性是长度，道路的动态特性是道路中车辆能够实现的平均速度。一个城市路网的平均车速不同，城市的交通供给量也就不同。

例如：

(1) 假设一个城市的路网长度是 300 公里，车辆密度为 31 辆/公里，只有 8%是快速路，平均车速为 65 公里/小时，92%为交叉口有红绿灯的道路，高峰期平均车速为 12 公里/小时：

道路供给的交通总量＝(300 公里×8%×65 公里/小时＋300 公里×92%×12 公里/小时)×31 辆/公里
＝151032(车·公里/小时)

(2) 如果城市交叉路口全部为立交，城市中 300 公里全部为快速路，则：

道路供给的交通总量＝300 公里×65 公里/小时×31 辆/公里
＝604500(车·公里/小时)

两种情况交通供给总量相差 4 倍(604500÷151032≈4)。

**所谓交通供给密度是指每平方公里土地上，道路所能提供的交通供给量。**

交通供给密度＝(1 公里$^2$×道路面积率×车道占道率÷车道宽度×车流密度×平均车速)/公里$^2$
＝22%×75%÷0.00375 公里×31 辆/公里×65 公里/小时
＝88660 车·公里/(公里$^2$·小时)

交通供给密度是作者在《汽车城市交通工程学探讨》中提出的一个新的概念，这是一个决定城市微循环中能否消除交通拥堵的一个关键性概念，也是一个防止城市低密度扩散的关键性概念。**城市现行交通模式最大的问题就是交通供给密度低，一般只能达到6000～10000车·公里/(公里$^2$·小时)，造成交通供给密度低的根源是，现行城市沿用1940年英国人提出的将城市道路分为快速路、主干路、支干路和支路四个等级。**这种城市道路的级配方式只能适应汽车拥有率低于100辆/千人的前汽车时代，当汽车拥有率超过100辆/千人，并最终达到600辆/千人时，这种将道路分为四级的级配理论，将给城市道路交通造成灾难性的局面。在汽车时代，城市中市区道路应该全部建成快速路，否则交通供给密度永远无法提高，交通拥堵永远无法消除。

从上式中可以看出，交通供给密度取决于道路上所能实现的平均车速，换句话说，平均车速决定交通供给密度。

**3. 平均车速决定城市交通供给总量**

城市交通供给总量＝交通供给密度×城市土地面积

按照本案例的假定条件，可得：

城市交通供给总量＝88660车·公里/(公里$^2$·小时)×400公里$^2$

＝35464000车·公里/小时

上式中交通供给密度与城市占地面积(即能否建成紧凑型城市)都取决于平均车速，所以当城市面积一定时，平均车速决定城市交通供给总量的高低。

**4. 平均车速决定交通供给总量与交通需求总量的匹配关系**

交通需求总量＝交通需求密度×城市土地面积

＝汽车密度×日均出行距离×高峰小时交通流量比$K$(平均值为11％)×城市土地面积

＝9000辆/公里$^2$×60公里/日×11％(车/时÷车/日)×400(公里$^2$)

＝23760000车·公里/小时

按照上述3. 中计算所得：

35464000车·公里/小时＞23760000车·公里/小时

即当汽车日平均出行距离为60公里时，在城市交通高峰期：小时交通供给总量＞小时交通需求总量。

这个不等式表明，交通供给总量与交通需求总量能够实现匹配。

**5. 平均车速决定交通供给密度与交通需求密度的匹配关系**

按照上述4. 中的计算，可知交通供给密度为88660车·公里/(公里$^2$·小时)，即当汽车日平均出行距离为60公里时，小时高峰需求密度为59400车·公里/(公里$^2$·小时)，可以满足判断两者匹配关系的下述不等式：

小时交通供给密度＞高峰小时交通需求密度

**6. 平均速度决定微循环交通通畅**

由5. 中的结果，可以判断微循环不会发生交通拥堵现象。即在本案例平均车速为65公里/小时和日平均出行距离为60公里等假定条件下，完全可以实现微循环交通通畅。

**7. 平均车速决定宏观交通通畅**

按照上述4. 城市交通供给总量大于城市交通需求总量，因此当平均车速为65公里/小时，在本案例假定条件下，城市能够实现宏观交通畅达。

**8. 平均车速决定能否实现快速公交**

实现快速公交取决于两个条件，一是公交线路上允许的车速；二是城市为紧凑型城市，公交运行距离短。前一个条件直接取决于平均车速，第二个条件间接取决于平均车速。可见，平均车速决定能否实现快速公交。计算可得(详见《汽车城市交通工程学探讨》)当平均车速为65公里/小时，公交车速可提高1～2倍；由于城市紧凑，乘车距离可缩短一倍，所以乘车时间可以缩短两倍以上，能够实现真正的快速公交。

**9. 平均车速决定公交出行分担率**

提高公交出行分担率的基本条件有两个：其一，公交车平均行驶速度；其二，公交车的可达性。前一个条件取决于快速公交的实现，后一个条件取决于城市布局和城市的紧凑程度，这些指标都间接取决于平均车速。可见，平均车速决定公交出行分担率。

按本案例条件，在城市合理布局的前提下，公交车出行分担率可达40%。(请参考作者的另一论文——《关于提高公交出行分担率的研究》)

**10. 平均车速决定公交系统投资**

按上述8. 实现快速公交后，公交车速提高1～2倍。这个因素可以使公交车辆减少一半以上。平均车速决定城市为紧凑型城市(见下述15.)，公交车运行距离可以减少一倍。

综合以上两个因素，在本案例假定条件下，平均车速为65公里/小时，与现行城市公交系统相比，公交车数量可以减少75%左右。因此，平均车速决定了公交系统投资只相当于现行交通模式下的四分之一左右。

**11. 平均车速决定人流、物流周转时间和城市运作效率**

人流、物流的周转时间取决于平均车速和运送距离，运送距离取决于城市的紧凑程度，城市的紧凑程度取决于城市的平均车速。所以归根到底，平均车速决定人流、物流周转时间和城市运作效率。

**12. 平均车速决定城市无需兴建地铁**

如前述，当平均车速达到60～70公里/小时，城市交通实现完全畅达，并能实现快速公交，同时可以建成紧凑型城市，成倍地缩短城市距离。所以，兴建地铁的理由已经不复存在，城市没有必要耗费巨资兴建地铁。

**13. 平均速度决定汽车容量密度**

按照上述2. 中的数据

高峰小时交通需求密度＝汽车容量密度×日均出行距离
×高峰小时交通流量比 $K$ （1）

高峰小时交通需求密度（车·公里/小时）≤小时交通供给密度（车·公里/小时） （2）

由式(1)和式(2)得：

汽车容量密度×日均出行距离×高峰小时交通流量比 $K$≤小时交通供给密度

汽车容量密度≤小时交通供给密度÷日均出行距离÷高峰小时交通流量比 $K$

≤88660÷60÷11%

≤13433 辆/公里$^2$

取汽车容量密度为9000～10000辆/公里$^2$。

**14. 平均车速决定人均占地**

人口密度＝汽车容量密度÷汽车拥有率

＝9000～10000 辆/公里$^2$÷600 辆/千人

＝15000～16667 人/公里$^2$

取人口密度为15000人/公里$^2$。

城市人均占地＝1/人口密度＝67 米$^2$/人

**15. 平均车速决定紧凑型城市**

城市面积＝人均占地×城市人口

按照本案例假定条件，得：

城市面积＝67 米$^2$/人×600 万人＝400 公里$^2$

**16. 平均车速决定步行和自行车出行分担率**

平均车速决定城市为紧凑型城市，紧凑型城市平均出行距离（按本案例数据）仅为现行城市道路交通模式平均出行距离的 1/2。

（1）本案例为紧凑型城市

城市名义直径＝（城市面积 400 公里$^2$）$^{1/2}$×（1＋$2^{1/2}$）/2＝24.14 公里

平均最大出行距离（往返合计）＝24.14 公里×非直线系数 1.21＝29.2 公里

**设：**步行距离为 1 公里，在 1 公里范围内步行出行分担率为 100％；自行车出行距离为 5 公里，在 5 公里范围内自行车出行分担率为 100％。每人每日步行 1 公里的频率为 1 次，5 公里出行频率为 0.5 次，平均最大出行距离（往返合计）为 29.2 公里，出行的频率为 0.8 次。

每人每日出行总距离＝1×1＋5×2×0.5＋29.2×0.8＝30.36 公里

步行＋自行车出行距离＝1×2＋5×2×0.5＝7 公里

步行和自行车出行分担率＝7/30.36＝23％

（2）按现行城市交通模式（城市面积为紧凑型城市的 4 倍）

各种出行方式的出行频率同上。

城市名义直径为紧凑型城市的 2 倍＝24.14×2＝48.28 公里

平均最大出行距离（往返合计）＝48.28×非直线性系数 1.21
＝58.42 公里

每日出行总距离＝1×2＋5×2×0.5＋58.42×0.8＝53.74 公里

步行和自行车出行分担率＝7/53.74＝13％

由以上计算可见，平均速度不同，则城市面积不同，则每日出行总距离不同，所以步行和自行车出行分担率也不同，即平均速度决定步行和自行车出行分担率。

**17. 平均车速决定小汽车日均出行距离**

平均车速决定紧凑型城市，决定最大平均出行距离，在本案例为 20 公里；

平均车速决定自行车出行分担率，平均速度决定交通供给密度，后者又决定城市的合理布局（人口密度大时，在生活组团范围内配套齐全，日常生活出行可

以完全靠步行和自行车解决),城市布局合理,可以使汽车出行只承担日平均最大距离的出行;

平均车速决定公交出行分担率,按本案例,在日平均最大出行距离时,公交出行分担率可达 40%(详见作者另一论文《关于提高公交出行分担率的研究》)。

综合以上三个方面,按本案例只在日均最大出行距离时,小汽车出行分担率为 60%,按 16. 中的数据:

小汽车日均出行距离=29.2 公里×60%=17.52 公里

按现行交通模式,日平均最大出行距离为 58.42 公里,公交出行分担率为 20%,可得:

小汽车日均出行距离为 58.42×80%=46.74 公里

**18. 平均车速决定小汽车日均出行时间**

日均出行时间取决于日均出行距离和交通畅达程度,因此同样取决于平均车速。

**19. 平均车速决定小汽车车均能耗**

车均能耗取决于日均出行距离和交通畅达程度,因此同样取决于平均车速。

**20. 平均车速决定小汽车车均污染**

小汽车车均污染取决于日均出行距离和交通畅达程度,因此同样取决于平均车速。

**21. 平均车速决定绿色交通能否早日实现**

降低车均能耗时绿色交通工具能否早日普及推广的前提条件。这个前提条件的具备间接地取决于平均车速。

**22. 平均车速决定车均道路面积**

按本案例数据,城市每平方公里面积中车道所占面积

=1 公里$^2$×道路面积率×车道占道率

=1×22%×75%

=0.165 公里$^2$/公里$^2$

车均占道面积=0.165 公里$^2$/公里$^2$÷9000～10000 车/公里$^2$

=18.3～16.5 米$^2$/车

上式中，汽车容量密度 9000～10000 车/公里$^2$，取决于平均车速（已如 13. 中所述），所以车均占道面积取决于平均车速。

**23. 平均车速决定车均道路投资**

道路投资是由三部分组成，其一，机动车道道路投资，其投资量基本上取决于车均占道面积；其二，按本案例，公交投资的车均分担量与现行城市道路交通模式相比，将降低至 1/4 左右；其三，按本案例，无需兴建地铁。按目前大城市中每 5 万人需兴建 1 公里地铁，1 公里地铁大约需 7 亿元投资计算，平均每个市民需地铁投资 1.4 万元。按汽车拥有率 600 辆/千人计算，如不兴建地铁，车均道路投资可节约 2.33 万元。

综合以上因素，按本案例数据，与现行城市道路交通模式相比，车均道路投资只需要 1/4 左右。

**24. 平均车速决定城市布局**

从道路交通系统的合理性和交通能源有限的制约条件出发，在城市布局中，一方面要力求紧凑；另一方面要力求在步行可及的范围内，布置功能齐全的生活组团，这两个方面都取决于城市人口密度，而城市的人口密度取决于平均车速。因此，平均车速决定城市布局。

**25. 平均车速决定全市汽车容量**

在城市土地面积一定时，全市的汽车容量取决于汽车容量密度，归根到底，平均车速决定全市汽车容量。按本案例数据，城市面积为 400 公里$^2$，城市人口为 600 万人，全市汽车容量为(9000～10000)×400＝360～400 万辆。

**26. 平均车速决定公平享受汽车文明**

城市允许汽车拥有率达到饱和水平 600 辆/千人，而且包括市中心区在内，不出行交通拥堵，因此没有必要限制小汽车购买和通行。后富起来的人们，同样可以不受任何限制地享受汽车文明。

**27. 平均车速决定停车位密度**

本项是平均车速对停车位密度所提出的要求，如 13. 所述，汽车容量密度位 9000～10000 车/公里$^2$，必须保证停车位密度不小于汽车容量密度。取停车位密度＝1.1×汽车容量密度＝9900～11000 车位/公里$^2$。在规划设计中如何实现，见下文。

**28. 平均车速间接决定城市土地分配比例**

按停车位密度的要求，

$$每平方公里土地面积上停车面积=(9900\sim11000)车位\times30米^2/车位=297000\sim330000米^2$$

停车位中，按1/3放在地下人防工程，则地面停车占土地面积为198000～220000米$^2$。

在本案例中，地面的停车位设置在建筑物首层架空层内，架空层顶部为房屋建筑及架空花园。

在本案例中，取道路面积与架空层面积合在一起覆盖率为55%，其中道路面积率为22%，架空层覆盖率为40%，两者重叠部分为7%。架空层上房屋建筑覆盖率为土地面积的15%，为150000米$^2$/公里$^2$。架空花园及架空层步行道路占土地面积的25%(40%－15%)，为250000米$^2$/公里$^2$。

人口密度按15000人/公里$^2$计算，人均建筑面积按100米$^2$/人计算，建筑密度为15000×100＝1500000米$^2$/公里$^2$，建筑平均层数为1500000米$^2$/公里$^2$÷150000米$^2$/公里$^2$＝10层。

土地面积的另外45%按城市规划的其他功能进行分配。

## 七、“天文数字”的经济效益和重大的社会效益

城市道路交通新方法为我国所产生的经济效益可以用“天文数字”来形容，估计在今后30～50年中：

将减少堵车损失数万亿元；

为国家节约道路投资数十万亿元；

为国家节约城市公共交通投资数万亿元；

节约能源消耗费用数十万亿元；

交通管理费用节约80%；

为汽车工业发展的内需市场创造100～150万亿元的发展空间；

城市少占耕地约3.5亿亩，占全国耕地的19%；

城市内人流和物流的速度将提高2～3倍，将强有力地促进城市经济发

展。

从社会效益方面说，由于同时解决了行车、停车和步行三个系统，将全面提升城市的生活素质；在土地资源、燃料资源、生态发展、社会公平和普遍享受汽车文明等方面，可以实现城市道路交通的可持续发展；由于采用城市道路交通新方法能够建设紧凑型的城市，从而保证城市功能的正常发挥。

# 第二篇

## 创新交通工程学理论　彻底解决城市堵车问题

## 汽车城市交通工程学探讨

# 前　言

汽车城市是指汽车拥有率达到600辆/千人的城市。

汽车城市交通工程学是旨在彻底解决汽车城市交通拥堵等全部问题的理论和具体方法。

本文是作者20多年来的研究成果，是在继承的基础上，对现行交通工程学理论的一种修正，是创立汽车城市交通工程学理论的一种尝试。

作者自1974年在巴黎市中心品尝到堵车3小时的烦恼之后，开始关注城市交通问题。近年来城市道路的使用已经逐渐背离了道路功能的本质——通行，汽车大部分时间是停在道路上的。深入研究发现，现行的交通工程学对此已经无能为力，其理论的缺陷是造成城市长期交通拥堵和大量占用土地的深层次原因。作者1997年退休后，亲自驾车走遍了国内几个大城市，验证了对汽车时代交通工程学的理论思考和研究成果。作者的研究尚未最后完成，鉴于我国城市堵车问题已经十分严重，如果不能尽早摆脱理论误区，继续走国外城市低密度扩张的老路，走的越远，将来治本越困难。所以，作者提前公开阶段性研究成果，并提出彻底解决城市堵车、停车和步行的城市交通新方法。

本文拟完成的任务有两个：其一是全面实现《雅典宪章》提出的建立**“新的街道系统，以适应现代交通工具的需要”**；其二是全面实现《马丘比丘宪章》所期盼的**“找到确有很大改进的解决城市土地的办法”**，以解决**“城市土地有限仍然是……城市建设的根本阻碍”**的问题。

两个宪章的发表至今已经几十年过去了，为什么宪章中所提出的问题不但没有得到解决，反而日趋严重了呢？作者认为要解决城市交通无拥堵的“路在何方”问题，必须首先解决城市交通研究工作途径的“路在何方”问题，也就是方法论问题。前不久，读到一本很精彩的书，书名正是《路在何方》，可能这个书名的涵义也是一语双关的。

从方法论的角度来看，本文采取分三步走的研究途径：

第一步，科学地确立城市道路交通规划目标和约束条件。比如说，要不要把汽车拥有率600辆/千人和人均占地67米$^2$等六个条件作为规划的刚性约束条件；要不要把人、车交通流均为无冲突点的连续流和随时保持停车位数量大于汽车保有量等作为规划可行与否的必达目标。

本文认为以上约束条件和规划目标是客观的必然和历史的必然。违背了它，道路交通规划必然大走弯路。

第二步，深入研究汽车大量涌入城市以后城市交通的新规律，全面创新汽车时代城市交通的理论，探索建立汽车城市交通工程学。

第三步，以上述第一步中的内容为目标，第二步中的理论为手段，提出科学的规划程序和具体设计方案。

以上三步走的研究工作，其成败的关键在于第一步和第二步。第一步和第二步做对了，第三步的工作才不会白做。第三步所完成的治本方法，将是一个简洁明了的方法，它只不过是现有的道路交通结构要素，按照第二步中的理论进行科学地整合而已。

本文提出的新理论是对现行交通工程学理论的修正与补充，两者共同构成汽车时代交通工程学的完整体系。

作者深知，解决城市交通这样一个十分复杂的问题，超过了本人的学识和能力。文中不妥之处，热切盼望有关专家和学者给予指导、指正和帮助，共同携起手来，创立汽车城市交通工程学，使城市交通规划早日走上坦途。

# 目　　录

# 概　　述

城市交通方法正面临着严重的历史性抉择。

一、本文将证明，正是由于交通工程理论存在重大的缺陷，才导致了全世界所有大城市市区，至今仍交通拥堵严重，并且苦于找不到真正的出路。

二、可以肯定地说，目前世界公认的“市区公交优先＋市区外围使用小汽车”城市低密度扩张模式，是一个陷阱。我国实施此模式的后果是：①市区依旧严重拥堵，并且将逐步蚕食2亿人口的平均耕地；②若严格控制耕地，则将丧失累计达10亿辆汽车、销售额达100万亿元的内需市场。

三、按照本文提出的新理论和城市交通新方法（自主知识产权，已申请国际专利），市区车速可提高4倍，城市道路通行能力可提高2倍（老城区）～5倍（新城区），堵车问题、停车问题和步行系统可以同时得到妥善解决。

四、采用城市交通新方法，不再需要耗费巨资修建地铁。与现行的城市交通方法相比，城市土地面积和道路面积都只需四分之一左右，节约了大量土地和巨额的道路投资。例如，一个1300万人口的城市，汽车保有量达到780万辆时，道路建设投资大约可节约7800亿元；当全国汽车保有量达到6亿辆时，城市道路建设投资大约可节约60万亿元，城市少占用约2亿人口的平均耕地（详见采用两种城市交通方法技术经济指标对比表）。

初步估计，当我国城市人口达10亿，汽车保有量达6亿时，采用现行交通模式或采用城市交通新方法，城市用地占全国耕地面积的比例分别为25％或6％。

五、城市交通的根本出路是，采用城市交通新方法建交通双连续流的紧凑型城市。

我国应把握历史机遇，发挥后发优势，在世界上率先建成完全不堵车的紧凑型的国际化大都市。

对小汽车进入城市只能“疏”不能“堵”，不彻底解决小汽车的拥堵问题，就不可能真正实现快速公交;不建成紧凑型城市,就很难实现公交为主的交通模式,更无法解决大量汽车的能源问题。

北京继续走城市低密度扩张的老路,将永远摘不掉“堵城”的帽子。“摊大饼”不好,在“大饼”外再摊几个“小饼”也不好,将来难免大饼小饼联成一片,形成一个“超级大饼”。

建议按照城市交通新方法,在北京改造老城区交通的同时,建设适度规模的“商务新城”,以吸引和转移老城区的商务功能。“商务新城”规模:人口 600 万,占地约 20 公里×20 公里,汽车容量 360 万辆,停车位 400 万个,不堵车且有独立的步行系统。

**我国采用两种城市交通方法技术经济指标对比表**

(城市汽车拥有率 600 辆/千人时期)

| 序号 | 城市交通方法 / 技术经济指标 | 现行的城市交通方法 | 本文提出的城市交通新方法 |
| --- | --- | --- | --- |
| 1 | 城市人均占地 | 约 280 米$^2$/人 | 约 67 米$^2$/人 |
| 2 | 全国城市多占用耕地 | 多占用约 2 亿人口的平均耕地 | 不多占用耕地 |
| 3 | 车均道路投资 | 以此为基数,定为 100% | 约 25% |
| 4 | 车均占道路面积 | 约 80 米$^2$/车 | 约 20 米$^2$/车 |
| 5 | 市区平均车速 | 约 15 公里/小时 | 约 60 公里/小时 |
| 6 | 日均车出行距离 | 以此为基数,定为 100% | 约 50% |
| 7 | 日均车出行时间 | 以此为基数,定为 100% | 约 25% |
| 8 | 汽车能源消耗 | 以此为基数,定为 100% | 约 25%,按现价计算,每年约可节约 1.5 万亿元 |
| 9 | 是否有利于电动汽车推广应用 | 出行距离长,经常发生堵车,不利于电动汽车推广应用 | 可促进电动汽车早日推广应用 |
| 10 | 环境污染 | 以此为基数,定为 100% | 约 20% |
| 11 | 车均交通管理费用 | 以此为基数,定为 100% | 约 20% |
| 12 | 能否放手发展汽车经济 | 城市交通将严重制约汽车工业的发展,国内可以容纳的汽车保有量不会超过 6000 万辆,并丧失累计达 10 亿辆汽车、销售额达 100 万亿元的内需市场 | 允许国内汽车保有量 6 亿辆,按现价计算,将累计形成约 100 万亿元的汽车购买力 |

续表

| 序号 | 城市交通方法<br>技术经济指标 | 现行的城市交通方法 | 本文提出的城市交通新方法 |
| --- | --- | --- | --- |
| 13 | 每年堵车损失 | 按现价计算每年损失约数千亿元 | 没有堵车损失 |
| 14 | 交通事故损失 | 每年交通事故损失巨大。据报道美国到2020年交通事故年损失将达1500亿美元 | 人车彻底分流，交通事故大幅度下降 |
| 15 | 停车系统 | 停车困难，经常出现停车影响交通的情况 | 停车系统完善，停车车位数量为汽车保有量的110% |
| 16 | 步行系统 | 中断、迂回，不宜人 | 有便捷宜人的步行系统 |
| 17 | 快速公交系统 | 道路拥堵，公交快速在市区内不能真正实现，平均车速15公里/小时左右 | 真正的快速公交系统，有利于公交优先，平均车速40公里/小时左右 |
| 18 | 是否需要建设地铁系统 | 需要。但投资大、周期长、运营成本高、安全性较低、乘坐不方便 | 无需建设地铁系统 |
| 19 | 是否可持续发展 | 受土地资源制约、能源消耗制约和交通拥堵制约，属不可持续发展 | 可持续的、协调的发展 |
| 20 | 能否满足以人为本 | 不能充分享受汽车文明，同时饱受交通拥堵之苦，不能满足以人为本的原则 | 可以全面满足人性化的需求 |
| 21 | 限制汽车出行规定，影响社会公平 | 必将产生限制小汽车购买和出行的各项规定，影响社会公平 | 小汽车的购买和出行无需附加任何条件、人人平等 |

# 第一章　现行城市交通规划正在误入歧途

## 一、现行交通工程学落后于时代，是造成城市堵车的根源

世界上几乎所有的大城市在交通发展过程中都出现了一个共同的现象，这就是：当汽车拥有率超过某一临界数字后，城市道路交通开始出现了不可逆转的拥堵现象。此后几十年不管人们做了多少努力去进行交通改造，却始终无法逃脱"交通拥堵—交通治理—拥堵缓解—再拥堵"这样一个恶性循环。这里所讲的临界数字，在千万人以上的大城市，大约为100辆/千人的汽车拥有率。在小于这个临界数字时，现行的交通工程学成功地指导了城市的交通系统建设，交通有序而畅达。而当超过这个临界数字以后，城市交通服从一种新的规律，现行的交通工程学无能为力了，城市交通陷入长期的拥堵之中。

在上述的临界点的前后，城市交通局面截然不同，我们透过这样一个现象可以建立对事物本质的如下初步认识：

1. 在汽车拥有率小于临界点以前的阶段，城市交通服从现有的交通工程学规律，可以把从1885年第一辆汽车诞生开始，至城市汽车拥有率达到临界点以前的这段时期称为**前汽车时代。**

前汽车时代的突出特点是每平方公里城市土地面积所产生的交通需求量（即交通需求密度，车·公里/公里$^2$）小于或等于每平方公里城市土地面积所形成的交通供给量（即交通供给密度，车·公里/公里$^2$），即：**交通供给密度≥交通需求密度。**在前汽车时代基本上不发生车辆拥堵现象。

2. 现有交通工程学中城市道路交通的理论是与这个前汽车时代相适应的，它无力解决汽车时代城市交通出现的新问题。

3. 当汽车拥有率大于临界点以后，城市交通由一种新的规律所支配，城市

交通进入了一个新的历史阶段——**汽车时代。**

汽车时代的突出特点是，每平方公里城市土地面积所产生的交通需求量（即交通需求密度，车·公里/公里$^2$）提高了数倍，而按照现行的城市交通模式，每平方公里城市土地面积所形成的交通供给量（即交通供给密度，车·公里/公里$^2$）不可能相应提高，其结果是：**交通供给密度＜交通需求密度**，经常发生车辆拥堵现象，并日趋严重。

4. 应该深入研究汽车时代城市交通的规律，将现行交通工程学向前推进一步，创立**汽车城市交通工程学**。在600辆/千人汽车拥有率的前提下，重塑城市交通的畅达局面，实现**交通供给密度＞交通需求密度。**

## 二、"汽车拥堵根本无法解决"是危害深远的错误结论，必须彻底纠正

### 1. 一种无奈的选择

我国解决北京、上海等大城市堵车的思路仍然沿袭着西方交通工程学的思路，以西方的大城市如纽约、伦敦、东京等为"楷模"。要知道，这些城市至今严重堵车。据报载，"伦敦和巴黎的轿车平均时速只有16公里。进入上个世纪90年代后，交通拥堵的情况更加严重，伦敦在1989年创造了堵塞车辆长达53公里的世界记录。在法国巴黎，其环路早就因经常堵塞而臭名昭著。1997年夏，巴黎的科特达祖路段甚至出现了长达四个星期的堵塞。有关方面统计表明，巴黎每日累计有30万小时损失在城市交通拥堵之中"；另外，美国能源基金会北京代表处交通项目主管何东全博士前不久这样描写几乎是世界密度最低、道路相对最多的城市——洛杉矶的交通现状："洛杉矶的交通是怎样的呢？如果正常情况下，在我们那种不拥堵的情况下，25分钟可以完成的交通出行，在洛杉矶要加上90分钟，也就是说他们要花2个小时的时间才能到达。因为这个拥堵问题增加了燃料的消耗，每年大概是10亿加仑。那么在美国其他的大城市也是有这种情况的，包括旧金山和纽约市，那么可以看到这个问题是非常严重的。我们北京是我国堵车最严重的城市，**现在还没有达到美国那样一个情况。这种国际上的例子给了我们一个非常震撼的情景，我们如果不在现在去努力解决交通问题，那么**

**我们未来很可能就发展到他们那样严重的程度”。**

毫无例外，这些“楷模”城市的都市圈都是城市低密度扩张的结果，而这种扩张所需要付出的三个沉重代价在我国是根本无力承受的，这三个沉重代价是：第一，在每个城市的四周都建了一个很大的都市圈，大量占用了土地。以美国洛杉矶为例：人均城市用地已高达 430 $米^2$，连寸土寸金的日本东京人均城市用地也高达 179 $米^2$，而我国人均耕地只有 800 $米^2$，国家规定城市人均用地指标为 67 $米^2$；第二，耗用大量的投资进行道路工程建设，低密度的城市扩张已经造成道路投资不能得到起码的回报；第三，随着城市低密度扩张，人均日出行距离不断增加，汽车能源消耗的压力日益沉重。

可以肯定地说，我们正在实施的交通规划——“市区公交优先＋市区外围使用小汽车”模式，是一个陷阱，其前景并不会好过伦敦、巴黎、纽约、东京和洛杉矶。

为什么我们明明知道在现行模式下的城市改造将来会产生严重的历史后果，而我们却不得不走国外的老路呢？这就是因为无奈，更是因为相信了一个根深蒂固的错误结论——城市堵车是根本无法解决的。

**2. 这是一个根深蒂固的错误结论**

巴黎及巴黎大区交通运输投资联合会主席让一弗朗索瓦·阿鲁士在 2001 年总结道：“无论如何，从我们已知的基本事实来考虑，(城市交通)多模式转换仅能为我们所关心的问题提供一部分答案。我们想要知道的是：怎样才能在可持续发展(Sustainable Development)的框架下组织一个更有效和宜人的城市?”。这个总结是明智的，并没有放弃最终解决城市交通的探索。但是，很大一部分交通工程专家对最终解决城市交通问题已经不再抱有希望，已经放弃了进行这种探索的努力，几乎普遍认为城市堵车是不可能得到解决的。有的专家写道：“进入 20 世纪 80 年代，许多人开始意识到，有限的城市空间、土地与资源，无法满足人类无止境的交通需求，甚至连土地最充裕、资金最雄厚的美国，也由于小汽车的不断增长，道路建设不能解决实际交通问题，且交通拥挤反而更加严重。这一无情的现实，迫使其交通专家与有关领导接受了‘道路建设无法解决交通拥挤’的结论。”

世界银行的一位美国交通专家 S·Stares 的答案更为肯定：“道路建设是否

能真正解决城市交通拥堵问题？如果说将近半个世纪的世界城市道路建设还能给我们一点启示的话，答案是明确的：不可能。城市道路建设只能是解决城市交通问题方法的一部分”。

美国能源基金会北京代表处交通项目主管何东全博士最近在凤凰卫视台也宣称“小汽车的拥堵是没法解决的”。

看来，似乎是根本没有出路了，似乎是人们在享受汽车文明的同时，不得不心甘情愿地承受汽车拥堵所带来的无穷苦恼、承受汽车拥堵所带来的长期的而沉重的经济损失了。本文将证明这个悲观的论点是完全错误的。

**3. 由于“汽车拥堵是无法解决的”这一错误观点几乎成了相当一部分人的共识。在这个错误结论的误导下，城市交通道路改造将带来下述极其严重的后果：**

（1）将给社会带来长期的、巨大的堵车损失。有资料显示：人们认为已经解决了交通问题的伦敦，目前每年堵车损失超过 20 亿英镑，而北京堵车每年损失已高达 60 亿元人民币。我国目前汽车保有量不过 2100 万辆，有人预计，20～30 年后将达到 2 亿辆以上，届时我国每年堵车损失将十分可观。以当今世界汽车拥有量接近 8 亿辆来计算，全世界每年的堵车损失的总额将是十分惊人的。

（2）按照现有模式对城市交通进行改造，我国将处于两难选择之中：

其一，要么放手发展小汽车，按照目前的城市交通模式，这将不可避免地造成城市低密度扩张，最终会造成大约 2 亿人口的平均耕地被剥夺；将会耗费无法承受也无法回收的巨额道路投资；而且由于城市低密度扩张加大了出行距离以及交通拥堵，导致了能耗增加和汽车尾气排放污染加重，从而造成我国严重的能源短缺和严重的环境污染。有人预料 2030 年中国汽车总量可能超过美国(2 亿辆)，届时中国石油进口将需要增加 4 倍以上。

其二，要么限制小汽车工业发展，这将严重制约我国经济发展。初步测算，今后 40～50 年我国国内汽车购买总额，按现价计算约为 100 万亿元人民币。显然，限制小汽车工业的发展将使我国经济发展失去一个强大的拉动力。

**4. 造成目前城市交通困难局面的历史根源**

根源之一，是目前交通工程学理论落后于时代。现行的交通工程学是在前汽车时代，在美国产生和发展的。美国特殊的国家资源条件掩盖了该理论与时代的差距。目前，包括中国在内的世界各国的交通工程学都是从美国《通行能力手册》脱胎出来的，可以说交通工程学中只有美国学派。遗憾的是，在中国特殊的资源条件下，美国的交通工程学完全无法解决中国城市交通所面临的问题。如果说，由于美国资源条件优越、人口又较少，落后的交通模式还可以勉强维持的话，而在我们中国，走西方城市交通的老路，最终不但不可能维持，反而会造成严重的、灾难性的后果。

毫无疑问，美国所开创的现行交通工程学，为交通工程学科打下了初步的基础，但是面对汽车时代城市交通出现的新问题，需要对交通工程学进行发展、进行新的探索、实现质的突破，在现有交通工程学的基础上建立我们中国自己的交通工程学学派——汽车城市交通工程学。

根源之二，是目前尚未产生足以解决汽车时代城市交通的实施方案，处于“无计可施”的局面，只好推着走，走一步看一步了！

## 三、现有的城市交通改造怎么办？

国内外大城市的交通改造几乎毫无例外地都经历过若干次的交通改造。每次改造之前，都做了十分认真的改造规划，每次改造之初人们都满怀信心寄予厚望，但是到头来城市的拥堵局面却日益加重。为什么会出现这种局面呢？就是因为目标模式没有搞清楚，不知道“彼岸”在哪里？完全是“在黑暗中摸索”，经常处于“被逼无奈”的境地，处于“目标不清决心大”的状态。大张旗鼓地实施盲目性很大的交通改造工程规划，其结果必将无法走出“愈治愈堵”的怪圈，造成很大的“一锅夹生饭”，形成积重难返的局面，给将来在正确理论指导下城市交通的全面改造，造成历史性的困难。

我们认为现有城市的交通改造应该循着以下途径分两步进行：

第一步：搞清楚汽车时代城市交通的理想模式，以此作为现有城市交通改造的目标模式，也就是说应该先搞清有没有“彼岸”，“彼岸”在哪里？然后再确定前进方向。

第二步：以目标模式为指引，有计划、分阶段、逐步改造现有城区和科学地规划新城区的道路建设。但是老城市的交通改造规划，必须以饱和的最大交通量为前提，规划一步到位，然后分步实施。

我们认为只有按照以上两步走的策略，才能结束现有城市交通改造“在黑暗中摸索”的局面。当然，应用本文提出的新理论和城市交通新方法，改造现有城市的交通，也是十分艰巨复杂的工作，但可以“一劳永逸”，舍此尚无其他出路。

本文将在最后一部分介绍一个可供选择的汽车时代城市交通方案，这个方案将满足城市人均占地 67 米$^2$ 左右，同时满足 600 辆/千人的汽车拥有率，并可同时建立宜人的步行系统和充分满足需要的停车系统。此外采用这个方案还能够顺利实施快速公交系统。这个新的交通方案可以作为现有城市交通改造的目标模式，这将为现有城市交通改造指明方向，燃起彻底解决交通拥堵的希望。我们满怀信心地说，现有的城市交通正处在“黎明前的黑暗”之中。

**可以说，依据现有的模式进行交通改造，其结果是：付出沉重的代价，得到的是城市市区长期交通拥堵和大量占用耕地的不可持续发展局面；依据汽车城市交通工程学所设计的方法进行城市的交通改造，其结果是：只需付出“半个”沉重的代价，得到的将是在可持续发展的框架下，交通完全畅达的行车、停车和步行系统“三位一体”一揽子得到解决的现代化紧凑型城市。**

# 第二章　现行交通工程学理论上的几个缺陷

现行的交通工程学的基本理论将成为汽车时代交通工程学基础理论的一个组成部分。但是，现行交通工程学中的部分理论已经过时，在前汽车时代原本正确的某些理论，与汽车时代城市交通规律发生了抵触，这部分理论已经由正确变成谬误，非但不能指导今后城市道路的规划和改造，而且可能把城市道路的规划引向误区。为了促使当前城市交通规划和改造尽快地走出误区，有必要对业已偏离实践、偏离汽车时代城市交通规律的过时的理论加以修正。

## 一、城市中交通供给密度和交通需求密度的巨大反差是现有交通工程学的要害问题

在汽车时代，城市交通需求的产生是以高密度的形态出现的，而现有的交通工程学对城市道路交通资源的开发是**粗放式的**，其所能实现的交通供给密度很低，需求密度和供给密度存在着巨大的反差。

**初步计算表明，进入汽车时代以后，交通需求的密度将高达50000～80000车·公里/(公里$^2$·小时)。而现行城市交通模式所能提供的交通供给密度，大约只为6000～10000车·公里/(公里$^2$·小时)，交通需求和交通供给完全无法匹配，这就是城市普遍发生堵车的理论根源。**

半个世纪以来，美国解决这个问题的办法就是无休止地修建道路、低密度地扩张城市，从而达到了大幅度降低需求密度，使供给密度与需求密度接近匹配。其结果正如J. R. Meyer教授所指出："要排除所有的交通拥堵(使之不再出现)就要无休止地建设道路，费用极其昂贵，远远超出其带来的效益。"但是，这只说对了一半。在现有的交通工程学认识的误区中，既使是不计代价的无休止的修路，仍然无法解决拥堵问题。因为，在城市的繁华区和城市的功能区交通需求密

度是无法降低的，仍然可能高达50000～80000车·公里/(公里$^2$·小时)，依照现行的交通工程学理论，在这些地区交通需求密度和交通供给密度的匹配将永远无法实现。交通供给与交通需求的总量平衡，并不能代替在交通密集点两者密度的匹配。这就是在西方大城市虽然修了那么多路(美国每公里道路只承担31辆汽车)，却仍然饱受堵车困扰的原因。

## 二、现有交通工程学城市道路级配理论(城市道路分为四个等级——快速路、主干路、支干路、支路)与汽车时代交通完全不相适应

**可以断言，在这个级配理论指导下的城市道路改造永远解决不了城市堵车问题。**因为在这个道路级配方式的路网中，强化任何一条道路的通行能力都势必诱发新的交通量发生，逃脱不了所谓当斯定律的惩罚(这个定律的基本概念是：沿着交通走廊的新的道路建设降低了出行时耗，但同时吸引了其他道路的交通量转移或者诱发了新的交通量)。

上述城市道路的级配理论造成了城市交通供给的密度很不均衡，有的地方密度高，有的地方密度很低。这种交通供给密度的分布方式，恰恰与城市交通需求密度的分布方式很不一致。因为，交通需求密度较高的行政、商业、文化等公建设施往往远离快速路。在这些公建设施周围，经常会发生交通拥堵。人们往往把这种原因归罪于微循环交通不畅，经常提出打通微循环的口号，经常实施打通微循环的工程。但是，残酷的事实告诉我们，永远有打通不完的微循环。这是为什么呢？就是因为这种微循环不畅的根源是由于现行的城市道路级配理论所产生的。属于先天不足，只有彻底改变城市路网的级配理论，才可能从根本上消除层出不穷的微循环不畅问题。

## 三、城市道路规划的理论是不完全科学的，是带有根本性缺陷的

几十年来，几乎国内外所有的城市都处在这样一个困惑当中：为什么总是规划赶不上变化？为什么规划所期望的交通畅达局面都迅速地被更大范围的拥堵局面所代替？究其原因，归根结底就是：规划期限的任意性。

例如：如果是在1970年做远期交通规划，规划期限定为30年，那么规划就至2000年为止，道路网络设计和通行能力都是以对2000年的预测为基础的。这样就产生了两个问题：其一是，你能预测准吗！其二是，交通需求再进一步发展了，怎么办？这种规划期限的确定是很不科学的，就好比是给一个三岁的孩子做盖房子的规划，规划期定为5年。预测当孩子8岁时，身高为1.2米，房子的高度按1.5米建造，那么当孩子超过八岁以后，会是个什么局面呢？……。恐怕谁都会认为这种规划方法是很荒唐的，谁都会明白这个盖房子的规划中，不能用某个年份来作为规划目标，而应该以孩子长大成人以后的高度作为盖房子规划的依据。谁都明白孩子长大以后的高度根本不需要去预测，所有的人成熟期的高度早已经被历史数据所提供。显然，其规划之所以不应该以年份作为规划指标，是由这类事物的规律性所决定的。城市道路建设的规律性和这个事例是相似的。

不幸的是，现今国内外所有城市的交通规划所犯的错误，和上面这个盖房子的例子竟是那样的雷同！

从前面关于前汽车时代和汽车时代的划分理论，应该可以得出这样的结论：如果你的规划是为前汽车时代做的，那么只要以城市汽车拥有率100辆/千人为目标就可以了。当然，任何城市的汽车拥有率都不会停留在100辆/千人这个水平上，而一旦超过了这个临界点，城市的汽车拥有率就进入了高速成长期，一直发展到拥有率达到饱和水平——600辆/千人的水平，城市交通才进入了一种稳定状态。这犹如前述盖房子这个事例中，孩子长到了成人的高度以后就不再长了一样。至此，结论已经不言自明了，那就是要以高速成长以后的稳定期作为长期规划的目标。也可以说，要以汽车时代的成熟期，即：600辆/千人的汽车拥有率作为远期规划的前提条件。而中短期的规划都只能是这个远期规划中的一个部分，是一个过渡性的规划。

## 四、小汽车主要在城市外围和城市之间使用的结论是完全错误的

首先，大量的小汽车在城市外围使用，是以低密度的、大面积的都市圈的建设为前提的。这不仅要占用大量的土地资源，同时需要大量地修建道路，修建道

路的巨额投资不仅筹措困难，也无法得到起码的回报。这种方式已经被美国的交通发展史证明是一种不可取的方式。目前，美国的汽车饱有量大约为2亿辆，美国的全国公路长度约640万公里，而我国全国公路长度不过170万公里，我国的汽车饱有量大约于未来20年左右达到美国的饱有量水平，并最终将达到6亿辆以上。如果按照美国的交通模式，小汽车只在城市外围和城市之间使用，我国公路长度应不低于1900万公里，是目前我国公路长度的11倍。显然，无论从土地资源和财力资源方面看，这在我国是根本不能做、也根本行不通的。

依据我们的理论，汽车拥有率达到饱和水平以后，小汽车主要只能在市区内使用，城市之间也主要依靠公共交通。以北京和天津之间的公路交通为例，一条双向10车道的高速公路，一天所能承受的交通量大约为16万辆，这只相当于北京和天津汽车饱和拥有量的2%。可见，城市之间的道路不可能承受小汽车为主的城际交通量，大量小汽车的停车问题也无法得到解决，跨城市的旅行只能主要依靠公共交通。

## 五、"一重两轻"将导致背离可持续发展道路

所谓"一重两轻"是指在现行交通工程学中，只重视汽车在道路上行使的问题，而对于步行系统和停车系统这两者研究得都很不充分。甚至可以说它实际上是汽车通行的工程学，这大概和它的原始版本——美国的《通行能力手册》有关。

当城市汽车拥有率达到饱和水平，停车问题作为城市的静态交通设施，如果得不到妥善解决，必然造成以下两种后果：要么是限制小汽车购买，这不仅会严重影响国家经济发展，也是根本行不通的；要么是汽车到处停，严重影响道路的通行能力，造成严重的交通拥堵。以北京为例，当汽车饱有量达到780万辆时，仅停车面积就要占到310公里$^2$。另外，步行系统如果不能同时建设完善，则必将加大道路汽车交通的负担，同时增加汽车的能源消耗和对环境的污染。

目前，几乎所有的大城市都会出现这样一个非常不合理的局面：道路越改造，步行越困难，甚至于完全破坏了步行系统。有的人甚至主张，完全废除自行车交通，认为慢行系统可有可无。这是一种非常有害的观点，排挤了步行系统和

自行车慢行系统的结果是，大大增加了道路车辆交通的负担。由于步行系统不完善，走路很辛苦，人们不愿意走路去乘公交车，都在热切的盼望自己能有一辆小汽车。由此可见，汽车交通和步行交通必须综合考虑，才可能创造城市交通的良性局面。

目前，人们在城市交通的改造中，对于必将严重影响城市交通和汽车工业发展的停车问题，有意无意地进行了回避。有人甚至认为，多建了停车位，反而会加重城市的交通负担。汽车进入百姓生活，是历史的必然，也是国家经济发展的需要。之所以在城市交通改造中，对于必将发生的非常严重的停车问题，采取了“驼鸟政策”，就是因为现行的交通工程学对于如何解决停车问题，没有在理论上给予解决。如前面所讲过的：当北京市的汽车饱有量达到780万辆时，如果把公共停车位也考虑在内的话，全部停车的面积，不会小于310公里$^2$。这样一个十分严重的问题，在交通规划中必须进行妥善安排，否则，城市交通的可持续发展将是一句空话。

从系统工程学的角度来看，行车、停车和步行是人的交通系统的有机组成部分，因此，必须以600辆/千人的拥有率为前提，在交通规划中三位一体地同时解决行车难、停车难和走路难（含自行车）的问题，城市交通的发展才是可持续性的。

## 六、在城市中大量地修建地铁并不是必须的

地铁最早是在伦敦出现的，随着大城市堵车现象日趋严重，世界上几乎所有的大城市都有了地铁。据了解，除个别城市外，地铁的运营几乎都处于亏损状态。修建地铁，不仅投资巨大（目前我国每公里地铁大约需要投资7亿元），而且建设周期很长。有人估计，像东京那样修建400公里的地铁大约需要30年的时间。何况，地铁的修建速度远远落后于城市堵车的发展速度，靠修地铁解决已经出现了的严重堵车问题，将是一个很痛苦的漫长过程。

从历史上看，城市地铁的出现，是在地面交通不能实现畅达的情况下，不得已转入地下的。可以预见，一旦实现地面交通完全畅达，地铁将在城市交通中被逐步淡出。因为，与地面交通相比，地铁不仅投资大、周期长、运营成本高，而且

只能实现站到站的交通。特别是近几年来，地铁不断出现遭遇恐怖袭击的情况，降低了地铁的安全性，并进一步提高了运营成本。

从汽车时代交通工程学的角度看，地面交通完全可以实现畅达和便捷。汽车时代交通工程学的成果，一旦用于城市道路的规划和改造之中，修建地铁的必要性将不复存在，甚至已有地铁的使用率也会迅速降低，地铁将完成历史使命，从城市交通中退出。

## 七、没有真正解决道路系统可靠性问题

城市交通问题是一个系统工程，系统工程中可靠性问题是一个致命性问题。现行交通工程学中，几乎忽略了对道路系统可靠性研究。这个偏差表现在以下两个方面：

① 在路网规划中，对于城市中的快速路和主干道，没有设置同样通行能力的冗余系统。在设计道路通行能力时，往往把着眼点放在一条路线上。在选择城市路网结构时，往往把直线性系数作为比较路网优劣的主要因素。国内外不少城市采用了环放式路网结构（环形路＋放射路），或者是采用不具备同样通行能力冗余系统的快速路和主干道，道路的可靠性完全得不到保证。

上述忽略道路系统可靠性的根源，在于现行交通工程学中没有将可靠性问题放到重要位置上加以研究，没有给出提高道路可靠性的有效方法。这个理论偏差所造成的恶果就是，一旦道路出现拥堵，拥堵的长度就可能长达数公里，拥堵时间就可能长达几个小时，甚至几天。如前面所讲到的，据报载："伦敦在1989年创造了堵塞车辆长达53公里的世界记录"、"1997年夏，巴黎的科特达祖路段甚至出现了长达四个星期的堵塞"。类似的情况在北京八达岭公路上发生过，最近在北京二环路和三环路上也经常发生。另外，从可靠性角度来看，地铁系统是可靠性最低的道路交通系统。为了确保地铁系统的可靠性，将会付出过高的运营成本。

本文后面部分将会谈到，从可靠性角度来看，棋盘式路网最具有优越性。

② 在城市交通系统的改造方面，往往重视某一条道路的改造或者是寄希望于某个大的交通改造工程。一旦改造完成后，可能会出现更大范围的拥堵。究

其原因就是，路网中一条或某几条道路的通行能力得到强化以后，交通对这些道路的依赖性加大，道路系统的可靠性更加脆弱了。实际上在城市道路的改造中，应该将提高路网结构的可靠性与提高路网的通行能力放在同等重要的位置。

## 八、现行交通工程学的定义落后于时代

城市交通进入汽车时代以后，交通供给和交通需求之间产生了巨大的反差。这是交通工程学应该解决的主要矛盾。在城市道路的改造当中，往往会出现强化了道路的车辆通行能力，却破坏了原来的步行系统，致使交通供给结构严重失衡。造成这种局面的理论根源，在于交通工程学的定义中没有把交通供给和交通需求，以及两者之间的关系这一最核心的问题放在突出位置。

此外，交通工程学是涉及社会各阶层广大人群的日常生活的学科，涉及到"社会公平"这一关系到可持续发展的重大问题。所以，在交通方式中如何真正做到以人为本，这是关系到能否贯彻正确的发展观的问题。这个问题也应在交通工程学的定义中有所体现。

本文认为，对于汽车城市交通工程学的定义，应该根据汽车时代特点进行修正。（详见第四章）

# 第三章　城市交通新理论

## 一、城市交通三步曲

城市交通必将经历从连续流到间断流再到连续流的三个时期。

本文作者1974年在巴黎第一次品尝了被堵车三个小时的烦恼。当时，巴黎人原以为环路通车以后可以解决堵车问题，可是，环路刚通车不久，堵车又严重起来了！……。已经过去三十年了，为什么城市交通至今还没有找到出路？究其原因就是：没有认识到从发生堵车这一现象开始，城市交通已经进入了一个新的时代，现行的交通工程学已经不适应这个新的时代，交通工程学需要在继承的基础上进行创新，建立汽车城市交通工程学，从一个全新的视角，创立城市交通新方法，才能彻底解决汽车城市的交通问题。

城市交通具有明显的时代特征，首先经历了非机动化时代。这个非机动化时代差不多经历了两千年。在这个时代，交通流为连续流。之后，由于汽车进入了城市，交通流由连续流变为间断流，城市交通进入了前汽车时代。这个前汽车时代实际上是一个从非机动化到机动化的过渡阶段。这个过渡阶段时间较短，大约只有几十年。随着汽车拥有率的提高，道路“通行”的本质功能逐步丧失，堵车日益严重，“停顿”成了道路的基本状态，间断流的交通方式已经完全不能适应城市交通的需求，必将由更高水平的交通连续流取而代之。简而言之，从发生不可逆转的拥堵现象开始，城市交通显然开始进入了一个新的时期——汽车时代。与汽车时代相适应的城市交通方式，只能是连续流方式。

## 二、汽车城市交通工程学定义

**汽车城市交通工程学的定义:以饱和的汽车拥有率(600辆/千人)为前提条件,主要研究实现城市交通供给最大化、交通需求最小化以及实现交通供给的结构与交通需求的结构和谐统一的、并体现和尊重以人为本原则的一门技术科学。**

在汽车城市交通工程学的定义中,之所以规定要以600辆/千人的汽车拥有率为前提条件,这是因为近几十年来发达国家城市交通机动化发展的历史证明,当人均GDP达到15000～20000美元时,汽车拥有率必然达到500～600辆/千人,并且将稳定在这一水平上,拥有率处于饱和状态。由此可见,汽车城市交通工程学如果不能满足汽车拥有率600辆/千人这一前提条件,就无法最终并彻底解决汽车时代的交通问题。世界银行的交通专家对几十个国家进行的调查证明,人均GDP水平与人均汽车拥有率存在着严格的对应关系,这个规律的发现为汽车城市交通工程学提供了必须遵循的前提条件。

目前我国人均GDP已经超过1000美元,沿海大城市人均GDP已经接近3000美元。从南韩的发展经验来看,人均GDP从1000美元增长到10000美元只用了18年的时间(1977年～1995年)。我国人均GDP增长到15000美元以上大约只需要40～50年,我国城市人均汽车拥有率达到600辆/千人也只需要一代人多一点的时间。由此可见,**我国城市交通正处在汽车时代全面到来的前夕,城市交通全面改造的时间已经十分紧迫,我国必须尽快开展汽车时代交通工程学的研究,发挥后发优势,率先在世界上创建完全没有堵车现象存在的现代化国际大都市。**

在汽车城市交通工程学定义中,之所以规定"研究实现城市交通供给最大化",这是因为从投入产出的角度来看,交通工程学必须完成用最少的土地资源实现最大的交通供给。如前面所讲到的,必须实现城市每平方公里土地面积所形成的交通供给量达到50000～80000车·公里/小时,或更高,才能满足汽车时代城市交通的需要。

在汽车城市交通工程学定义中,之所以规定"研究实现城市交通需求最小化",这是因为对应城市不同的规划方式,交通需求量的大小将有很大的不同;这是因为交通供给结构的不同（所谓结构是指汽车路、公交路、步行街和自行车路的组合），各类交通的需求量也会有很大的不同。只有实现交通需求的最小化，才能有效地提高交通运行效率，减少交通对土地资源和能源的消耗。

在汽车城市交通工程学定义中，之所以规定"研究实现交通供给结构与交通需求结构的和谐统一"，这是因为科学的交通供给结构将会引导交通需求结构的合理发展。也只有充分研究交通需求结构的客观规律，才有可能实现交通供给结构的科学化、合理化和最优化。此外，交通供给的结构状况也是在交通工程学中体现以人为本的重要方面。

以人为本就是充分满足人在交通方面，对物理上、生理上、心理上和精神上的全部需要，以人为本就应该充分满足这种人性的需要。但是，由于城市交通改造的多年努力都没有实现这个目标，以至于有些人不得不退而求其次，将以人为本解释为限制小汽车使用，解释为只要将人的躯体运到目的地就是以人为本，忽略了以人为本中人性化的核心。小汽车为人提供了舒适性、便捷性（门到门的交通）、私密性。从发展趋势上看，很多家庭设施和办公室设施已被搬上了小汽车，使小汽车具备了移动办公室和移动生活空间的功能，这些都是人性化的需要。用人的躯体代替人的人性化需求，实际是忽略了人性的全面需要，背离了以人为本的真正涵义（在逻辑学上犯了"偷换概念"的错误，当然并不是指主观上有意偷换，这里只是将逻辑错误归类为"偷换概念"）。在汽车城市交通工程学中，应该充分研究如何使人们在出行时，可以自由地选择步行、驾车或是乘坐公交。并且，这三种出行方式都应是便捷而舒适的，这样才能满足人在交通方面的全面需要，使以人为本的原则得到充分的尊重和体现。

## 三、汽车城市交通工程学的八个基本问题

全面研究当前城市交通存在矛盾的复杂性，可以概括为下列八个问题。

1. 城市道路的交通供给与交通需求的严重不平衡，是造成交通拥堵的根本原因。现在的问题是，道路的供给水平还能提高多少？是否存在道路供给水平的最大值——道路交通供给极限？如何计算？

2. 解决城市道路交通供给与交通需求严重失衡的另一个途径是，设法降低

交通需求。现在的问题是，如何做到交通需求最小化，有什么规律可循？

3. 有的国家，如美国，交通供给的总量已经明显地超过了交通需求的总量，美国汽车保有量 2 亿辆，公路长度 640 万公里，每公里公路只分摊 31 辆汽车。但是，为什么美国各大城市的市区内，仍然存在着严重的交通拥堵呢？或者说，为什么交通供给总量超过了交通需求总量，交通拥堵依然存在呢？

4. 城市人口密度问题是一个多年来争论不休的问题，不少人主张只有人口低密度才能解决交通拥堵问题，“新城市主义者”则主张提高人口密度达到基本出行不需要驾车的目的，本文认为这两者都是脱离现实的。从解决交通拥堵的角度来看，城市人口密度取多少才合适？最佳值是否存在，如何计算？

5. 如果把道路通畅作为可靠性的指标，在道路规划中如何实现较高的可靠性？

6. 为何多年来在城市交通的改造中，几乎全都不能实现改造的预期效果，出现了规划赶不上变化的局面？

7. 为什么有不少城市实施公交优先的方针，却长期存在公交占出行比例较低的局面？

8. 为什么不少城市实施重大道路改造工程后，微循环不畅的问题往往更加突出，微循环不畅成了永远无法彻底解决的问题？

下文将对这八个基本问题逐一加以研究。

## 四、交通供给最大值定律

**1. 在给定道路面积率的前提下，城市每平方公里土地上交通供给存在着一个可以计算出来的最大值，此最大值称为交通供给密度极限（单位：车・公里/（公里$^2$・日））。**

**交通供给密度极限＝车道长度/公里$^2$×车流密度×车速×9 小时/日**

**＝（1 公里$^2$×道路面积率×车道面积率/车道宽度/公里$^2$）×车流密度×车速×9 小时/日　①**

**2. 城市交通供给极限(车・公里/日)＝交通供给密度极限[车・公里/(公里$^2$・日)]×城市土地面积(公里$^2$)　②**

**3. 城市汽车容量极限(辆)＝城市交通供给极限(车·公里/日)÷日平均出行距离(公里/日)** ③

关于以上公式的三点说明：

● 车道面积率＝车道面积÷道路面积

● 9小时/日——每日按9小时计算，依据高峰小时交通流量比 $K$ 平均值为11％(大量观测数据的结果)，即：高峰小时交通流量/日平均交通流量＝11％≈1/9，可得：日交通供给密度极限＝小时交通供给密度极限×9小时/日。全天交通流量如果只集中在9h内通过，道路也能承担。($K$ 值数据引自《交通工程手册》)

● 各项数据以日为单位，这是因为人的出行活动是以1天为一个完整的循环，平均出行距离也是以日为单位的。

**应用举例：**

计算一个城市的交通密度供给极限、城市交通供给极限、城市汽车容量极限并确定该城市允许汽车保有量和汽车拥有率。

假定条件：城市人口600万，占地面积20公里×20公里，道路面积率22％，车道面积率70％，全市为连续流交通，平均车速60公里/小时，道路服务水平二级，车流密度31辆/公里，车道宽度3.75米，日均出行距离35公里/日或60公里/日。

将上述数据代入公式①得出：

交通供给密度极限＝687456车·公里/(公里$^2$·日)

根据公式②得出：

城市交通供给极限＝274982400车·公里/日

根据公式③得出：

城市汽车容量极限＝785万辆或458万辆

结论：城市汽车容量按照极限数值的80％计算为366万辆～628万辆，汽车拥有率为610辆/千人以上。

## 五、交通需求最小化规律

交通需求最小化的极限值是存在的，但是涉及到城市规划布局的方方面面。所以，离开具体的城市规划方案，这个极限值没有办法进行计算。

以下两个规律对实现交通需求最小化具有指导作用。

**1. 反比定律**

在城市人口相同、规划布局相同的条件下，城市的汽车容量与城市的直径成反比；城市交通需求总量与城市直径成正比，与城市人口密度的平方根成反比。

说明：在本定律中城市的直径按城市面积的平方根来计算。

城市的汽车日平均出行距离与城市的直径成正比，日平均出行距离越大，城市的汽车容量越小。实际上，城市的直径越小，步行占出行的比例越大，汽车日平均出行距离会更小一些。

目前，很多城市交通改造，采取了在城市外围建设低密度的都市圈或是通过疏散城市功能降低市区人口密度。这样做的结果反而增加了日平均出行距离，从总量上增加了道路的交通负担，往往造成新的拥堵。造成这种后果的根源就是违背了反比定律。从本定律可知，适当提高人口密度可以减少交通负荷。城市的低密度扩张并不能达到疏缓交通的目的，反而加大了城市交通总量。

**2. 适度规模定律**

城市或市区的规模过大，往往会产生交通拥堵现象；大城市外围的卫星城规模过小，或城市功能等级较低，往往会增加卫星城和中心市区之间的交通量，也同样会产生交通拥堵。

**适度规模定律：为疏散老城区功能、分散交通负荷，所需要建设的新城区，应满足以下不等式。**

**基本出行封闭在本组团内的凝聚力＞市中心区对本组团居民交通的吸引力**

**在拟转移的功能方面新区的凝聚力＞老城区的凝聚力**

北京的望京小区完全没有实现缓解市区交通的初衷，就是因为望京小区没有达到“适度规模”。只有小区的规模足够大，达到“适度规模”，才能够满足人们对日常生活和工作的高等级要求，才能使基本出行封闭在小区之内，从而减少与中心市区之间的交通量。这里所谓的“能够满足高等级要求”是指与市中心区具有同一等级的功能，否则，市中心区必将吸引本小区居民，增加市中心区的交通负担。

上海市的浦东新区具备了这里所说的“适度规模”，必将明显减少浦西老城区的交通负担。我们之所以建议在北京新建600万人口的商务新城，新城面积

20公里×20公里，是因为作为首都这样一个高等级城市的一个新城区，只有达到这个规模，才能符合上述“适度规模”的要求，才具备“能够满足高等级要求”的条件。

## 六、交通供给密度与交通需求密度匹配定律

**1. 名词解释**

● 交通供给密度：在城市1公里$^2$土地上道路的日平均交通供给量[车·公里/(公里$^2$·日)]。

● 交通需求密度：在城市1公里$^2$土地上的人员，日平均给城市道路造成的交通量[车·公里/(公里$^2$·日)]。

● 交通需求密度分布状态：在城市的地图上，将所有功能点(或每一平方公里土地)的交通需求密度全部标注出来，所形成的交通需求密度分布图，称为城市交通需求密度分布状态。

● 交通供给密度分布状态：在城市的地图上，将所有功能点(或每一平方公里土地)的交通供给密度全部标注出来，所形成的交通供给密度分布图，称为城市交通供给密度分布状态。

**2. 定律表述**

**要彻底消除城市交通拥堵，必须做到以下两点：**

**(1) 城市的交通供给密度分布状态必须与交通需求密度分布状态相匹配，所谓匹配是指在每个点上，交通供给密度大于或等于交通需求密度。**

**(2) 如果在个别功能点上(如体育场馆、摩天大楼等人员高度密集的地方)，交通需求密度高于交通供给密度，则应采取措施实现两者的匹配。**可以采取的措施是：扩大功能点地块的面积，以达到在地块的边界上交通需求密度和交通供给密度相匹配；以静制动，采取停车位票证制度，事先领取(或发售)停车位票证(或预约车位)，没有事先落实停车位者，不要自己驾车前来。

**这个交通供给密度和交通需求密度相匹配的定律十分重要，它指明了彻底解决城市(包括繁华区)交通拥堵的途径。**

像美国那样，修了很多的路，每公里道路只承担31辆汽车，但是城市市区拥

堵依旧严重，其根本原因就在于城市交通不能满足这个匹配定律。

按照现行的交通工程学，城市道路供给水平很低，一般只能做到6000～10000[车·公里/(公里$^2$·日)]，而大城市中心区交通需求密度高达50000～80000[车·公里/(公里$^2$·小时)]，两者根本无法匹配，这是西方发达国家大城市长期陷入交通拥堵泥潭之中的根源所在。根据前述的交通供给最大值定律，只有改变现行城市间断流的交通方式，全面实现城市道路交通的连续流，才能满足本定律的要求，彻底消除城市交通拥堵。

现将城市交通为间断流时匹配情况示于图1，城市交通为连续流时匹配情况示于图2。图中柱状体的高度表示交通需求密度或交通供给密度的数值。图中*a*为交通需求密度分布状态，*b*为交通供给密度分布状态，*c*为交通需求密度和交通供给密度的对比。图中数字表示城市土地面积的尺度，单位为公里，图2*b*和图2*c*中城市土地面积因为交通总量的增加而由10公里×10公里扩大为20公里×20公里。

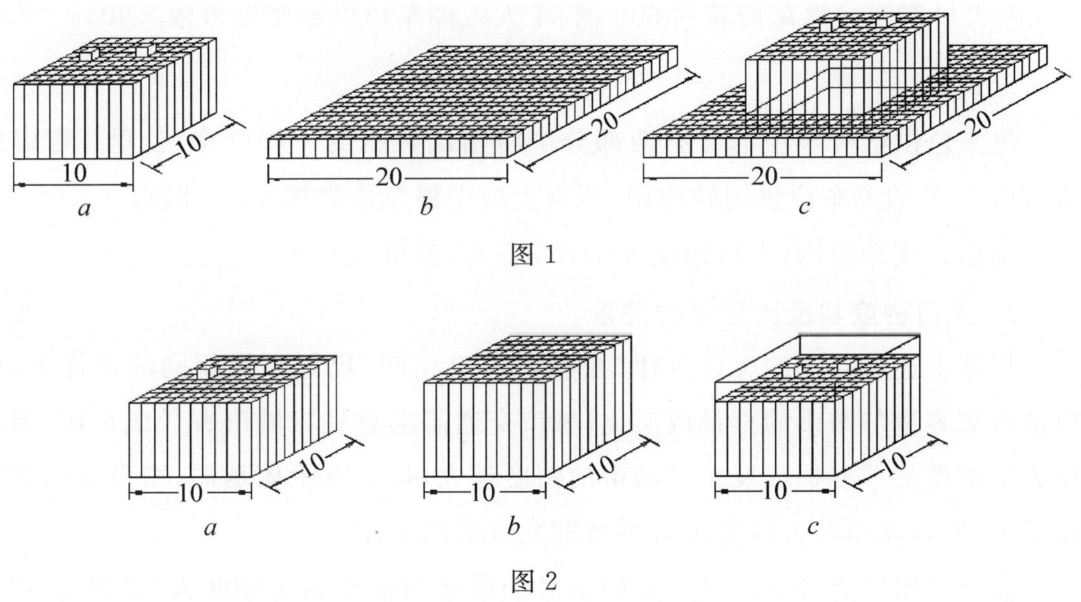

图1

图2

## 七、城市人口密度最佳值的计算方法

在城市规划中，城市人口密度是由多种因素决定的，本文只从交通方面确定城市人口密度的最佳数值。

城市人口密度的最佳数值由三个因素决定：反比定律，交通供给密度极限，停车位供给极限。

**1. 交通供给密度和人口密度的关系**

汽车需求密度（辆/公里$^2$）≤汽车容量密度极限（辆/公里$^2$） ④

上式中：

汽车需求密度＝人口密度 $m$×汽车拥有率 600 辆/千人

汽车容量密度极限＝交通供给密度极限÷日平均出行距离

假设条件：采用本文提出的城市交通新方法，道路面积率 22%，车道面积率 70%，车道宽度 3.75 米，平均车速 60 公里/小时，日平均出行距离 60 公里。

将以上假设条件代入公式④，可得出：人口密度 $m$≤19096 人/公里$^2$。

**2. 停车位供给密度和人口密度的关系**

人口密度×汽车拥有率 600 辆/千人≤停车位供给密度极限×90% ⑤

上式中：

停车位供给极限在本文第四部分中将给出数据为 10000 个/公里$^2$，考虑到应该由 10%的停车位供周转使用，所以上式中停车位数按 90%计算。

根据公式⑤得出：人口密度 $m$≤15000 人/公里$^2$。

**3. 人口密度和反比定律的关系**

根据上述"四、1"的反比定律"在城市人口相同、规划布局相同的条件下，城市的汽车容量与城市的直径成反比；城市交通需求总量与城市直径成正比，与城市人口密度的平方根成反比。"城市的密度越大，日出行距离越短，城市的汽车容量越大，所以城市的人口密度应尽量取允许值的上限。

**综合考虑以上公式④、⑤，人口密度的最佳数值应为 15000 人/公里$^2$。如果上述的假设条件有变化，人口密度的最佳数值应作相应的调整。**

在人口密度为 15000 人/公里$^2$ 时，汽车保有量密度允许为 9000 辆/公里$^2$。若按现行的交通模式，当汽车拥有率达 600 辆/千人时，人口密度允许最大值仅为 3500 人/公里$^2$。

## 八、道路系统高可靠性的实现方法

汽车在路上行使过程的可靠性可以归结为串联系统的可靠性问题。提高串联系统可靠性的基本方法是设置冗余系统。综合分析城市路网的各种可能形式，可以得出如下结论：

**1. 棋盘式路网可靠性最高**

在棋盘式路网中每隔 300～500 米就有一个路口，这相当于接通一个冗余系统。一旦汽车在行使当中遇到交通拥堵，可以很方便地就近选择路口进入另外一条道路；同时，在棋盘式路网结构中相邻的道路互为冗余系统，相当于任何一条路每隔 300～500 米都设置了冗余系统，这就实现了路网中全部道路都具备了冗余系统，路网的可靠性得到了全面提高。

**2. 在一条道路中一个行使方向上，应设置多条车道，相邻车道之间不应设隔离栏，以避免局部出现交通事故时，一条车道被堵住，造成整个道路被堵死。这相当于多条车道互为冗余系统，提高了一条道路内部的可靠性。**

## 九、刚性约束定律

**刚性约束定律：在城市交通规划中，存在着必须遵守的刚性约束条件。**

如不遵守这个定律，交通规划实施中必将陷入"堵车——缓解——再堵车"的恶性循环之中。

刚性约束条件是：

1. 汽车拥有率的饱和数值 600 辆/千人。发达国家城市机动化的历史证明，当人均 GDP 达到 15000～20000 万美元左右，汽车拥有率必将达到 600 辆/千人左右，并且基本不再增加，将稳定在一个饱和水平上。在达到饱和水平之前，城市处于汽车数量高增长阶段，不应该把高增长阶段中任何一个年份的要求作为规划的目标。

2. 人均城市占地 66 米$^2$ 左右，占地过大将形成不可持续发展的局面。

3. 小汽车基本上用于市内交通，市内停车位不得少于汽车保有量的 110%。

汽车拥有量达到饱和水平之后，在城市外围既不可能修建足够多的道路，更不可能拿出大量的土地解决数亿个基本停车位和旅行停车位。

4. 必须具备人车彻底分流的、宜人的步行系统。

5. 城市交通方法必须有利于节能汽车和电动汽车的推广，才能确保在有限的燃油资源和严格的环保限制条件下，汽车时代可以持续、健康地发展。

## 十、系统相关定律

系统相关定律：在城市中，人的出行是一个大系统，行车系统、步行系统和停车系统是这个大系统的三个子系统，三个子系统必须同步进行建设，才能使每个子系统正常运行。

很多城市在交通改造中，往往是单兵独进，只注意到行车系统的建设。往往在完成一项大的道路改造之后，原有的步行系统受到了严重的破坏，甚至于行人无路可走。步行困难的结果，造成了乘坐公交车的困难，因为坐公交车两头都要步行。有的城市，道路经过若干次交通改造之后，出现了交通供给结构严重失衡的局面——道路更加只适应于开小汽车出行，走路和坐公交车更加困难。这就促使市民产生更加强烈的购车欲望，小汽车数量出现了爆炸性的增长，交通拥堵更加无法收拾。目前，北京就陷入这种恶性循环之中。

我们可以设想这样一种出行方式：第一步，在宜人的步行系统中，步行或乘坐便携式电动助力车到达公交车站；第二步，乘坐快速公交车，这个公交车是定时到站开行的，像火车一样每隔一定时间准时到达一辆，乘客可以将便携式电动助力车带到公交车上，公交车采用宽体多门的车辆，采取进出站验票制度，分为一站一停和多站一停（快车），乘客可以根据需要换乘快车，这样的公交系统既舒适又快捷；第三步，乘客下车步行或乘坐电动助力车到达目的地。这种出行方式是否受欢迎，关键在于第一步和第三步是否符合舒适和便捷的需求。这种出行方式说明了行车系统和步行系统的相互依赖关系（公交车系统是行车系统的一部分）。

停车系统对于行车系统和步行系统的影响是有目共睹的，按照目前城市中停车系统残缺不全的局面，无法想象当汽车拥有率达 600 辆/千人时，城市交通系统将如何收拾局面。按照目前很多城市交通改造的模式发展下去，将来再想完善停车系统几乎是不可能的！

系统相关定律告诉我们，行车、停车和步行三个系统必须“三位一体”地一揽子加以解决，必须按照刚性约束定律，一步到位地完成城市交通规划或交通改造规划。在这个规划的实施中，可以分期、分阶段进行，但是，在每一个阶段的实施中，三个子系统必须同步、协调地进行建设。

作为系统相关定律的一个特别推论是，当地面行车系统充分完善后，兴建地铁的理由将不复存在，地铁系统将完成历史使命，甚至于已经在运行的地铁都有可能逐渐被淡出。

## 十一、步行系统

喜爱步行是人的天性。完善步行系统关系到人的健康和回归自然；关系到弱势群体的切身利益；也关系到能否最大限度地减少汽车交通的负担。

城市步行系统应满足以下条件：

1. 便捷，不绕行。
2. 宽松、安全，人车彻底分流。
3. 环境宜人，犹如公园小径。
4. 遮阳、遮雨。
5. 上行有自动扶梯。
6. 行人与自行车分道行驶。

只有满足以上条件，步行系统才能实现“新城市主义者”所企盼的那样，人们的基本出行可以不用乘车，完全靠步行解决。人们在生活中享受着回归自然的轻松和愉悦。

## 十二、停车系统

只有停车位充足并且可以就近停车，人们在汽车时代的生活才是有效率的和惬意的。停车系统应满足以下条件：

1. 城市的停车位数量最终应满足660个/千人，这必须在城市交通规划中一步到位得到落实。在分阶段实施交通规划时，应随时保证停车位数量是汽车数量的110%，以保证每一辆汽车都有一个基本停车位，同时城市有10%的公共停车位。

2. 公共停车位应建立信息公示系统，实施车位使用预约登记制度或发售停车位票证。以杜绝临时找不到车位，乱停车影响城市交通。

3. 每一辆车的停车位置必须就近就便，否则难以杜绝乱停车。

4. 停车场应尽量做到四面有进出口，以减少车辆在道路上的绕行，不影响道路的通畅。

## 十三、交通流匹配定律

**交通流匹配定律：相互连接路段，其交通流必须皆为连续流才能相互匹配。换句话说，与交通流为连续流的路段相连接的其他路段，其交通流也必须为连续流。**

城市交通发展至汽车时代的成熟阶段（汽车拥有率600辆/千人）以后，道路交通将经常处于二级～三级服务水平（31～62辆/公里），在车辆行驶前方的任何停顿都将造成交通拥堵现象的发生和蔓延。所以，在车辆行驶的全过程中，不允许有停顿。车辆将要驶入的每一条道路都应该是连续流交通（没有红绿灯）。北京二环路在西直门路段发生严重拥堵的根源就在于道路系统不符合交通流匹配定律。

作为本定律的一个合乎逻辑的推论是，在汽车时代的成熟阶段，路上的汽车较密，城市路网中道路的交通流应全部为连续流；现行城市路网中的级配理论将城市道路分为四级，其中除快速路为连续流之外，主干路和支干路皆为间断流交通，这显然不符合交通流匹配定律，现行的城市道路级配理论与汽车时代是不相适应的，是带有根本性缺陷的。**按照这个级配理论，城市的交通拥堵将必然发生，并将永远无法解决！**

## 十四、车速趋同定律

**车速趋同定律：随着城市交通拥挤情况的增加，由于车辆大量涌入快速路，**

**将出现快速路的车速与其他道路车速趋同的现象。**

在按照快速路、主干路、支干路、支路等四级建设的城市路网中，理想的情况是快速路的车速远高于其他道路，以达到城市快速通达的目的。但是，这种理想情况只有在汽车拥有率较低（在大城市约为低于100辆/千人）时才会出现。当汽车拥有率较高，市区道路发生严重的交通拥挤时，其他道路的车辆会自动涌进快速路，并最终稳定在快速路的车速与其他道路的车速基本相同的局面。以北京市为例，在交通高峰期，作为快速路的二环路和三环路，车速降低到与其他道路基本相同，这就是车速趋同定律的体现。

## 十五、车流密度趋同定律

**车流密度趋同定律：随着城市汽车保有量的增加，在疏散功能较好的路网中，交通服务水平较低道路上行驶的车辆，将自动向交通服务水平较高的道路上转移，出现路网中道路车流密度趋同的现象。**

这个定律有两层涵义：其一，只有路网疏散功能较好时，才能实现道路交通量的均匀分布；其二，当城市路网为方格式快速路网时，各条道路的车流密度将比较均衡，这时只要做到交通供给密度大于交通需求密度，城市就不会发生堵车现象。

## 十六、城市交通的根本出路

概括本章所述的理论和规律，可以得出如下结论：

**城市交通的根本出路是，建设双连续流交通（行车系统和步行系统皆为连续流交通）的紧凑型城市。**

是建设紧凑型城市，还是按现行模式发展下去，后果将有天渊之别：中华大地的图景要么是，在美丽而广阔的田园和郊野风光中，点缀着一个个紧凑型的城市；要么是城乡界限不清，道路蛛网密布，路上塞满了汽车，到处是低密度的、几乎绵延不断的大、小市区，广阔的原始田园和郊野风光将荡然无存。

**对比数据**

粗略估计，当我国城市人口达10亿、汽车保有量达6亿时，城市用地占全国耕地面积的百分比为：

采用现行的城市交通模式，约为25%。

采用本文提出的城市交通新方法，为6%。

# 第四章　道路悖论及摆脱方法

现有城市道路交通系统模式的基础是城市道路的级配结构，在这个级配结构中将城市道路分为四级：快速路、主干路、支干路、支路。这四级道路密度的比例为 1∶2∶3∶6，其中快速路占 1/12，约为 8%。

本文作者发现，城市道路的这种级配结构将使城市交通陷入一个无法摆脱的悖论。这个逻辑上的悖论正是造成如下怪圈的内在原因：

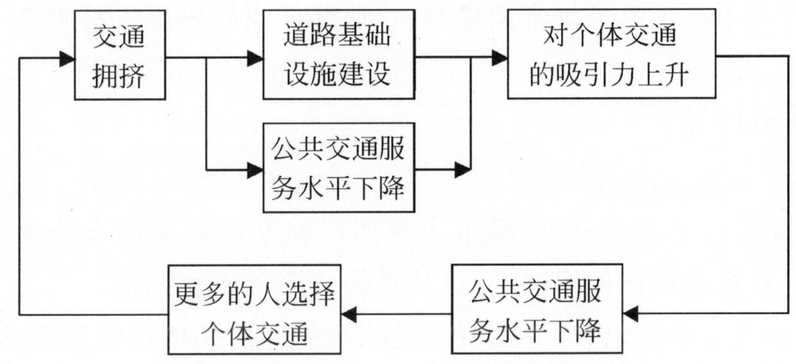


我们将这个悖论称之为“道路悖论”。揭示这个悖论中的内在规律，并最终找到完全摆脱这个悖论的新的城市道路结构，将使城市交通进入完全畅达的新时期。

## 一、城市交通拥堵所产生的第一个推论

在城市道路现行的级配结构中，随着汽车数量的增加，交通拥堵首先产生在快速路的进出口道路上。这种局面的产生，往往会得出下述结论：产生这种交通拥堵的原因，是与快速路配套的支路或支干路太少。人们通常会说，国际上通行的城市道路级配结构是金字塔型的，即四级道路的比例为 1∶2∶3∶6，而我国

城市四级道路的结构不是这样。因此,认为必须增加支路和支干路的比例,解决我国城市道路级配结构不合理的问题。**简而言之,快速路进出口道路拥堵现象的产生,使人们得出了需要增加支干路或支路比例的结论,这就是交通拥堵所产生的第一个推论。**

## 二、城市交通拥堵所产生的第二个推论

随着城市车辆进一步增加,在逐步改善快速路进出口道路之后,城市开始出现了第二阶段的交通拥堵,这就是在城市的快速路上普遍出现了交通拥堵现象,这个交通拥堵现象又会促使人们得出一个新的结论:必须增加快速路的道路密度,以提高快速路的通行能力,这就是交通拥堵现象所导致的第二个推论。按照这个推论,当城市汽车数量越来越多时,快速路的道路密度也越来越高。

## 三、道路悖论

按照上述第一个推论,解决城市交通拥堵的办法是增加支路和支干路的比例,但这将导致快速路比例的降低,也就是快速路的密度降低。

按照上述第二个推论,解决城市交通拥堵的办法是增加快速路的密度,也就是增加快速路的比例,但这将导致支路和支干路比例的降低。

按照第一个推论,能够解决城市交通拥堵问题,但是由于第一个推论将会否定第二个推论,所以又将导致不能解决城市交通拥堵的局面。按照第二个推论,能够解决城市交通拥堵问题,但是由于第二个推论将会否定第一个推论,所以也将导致不能解决城市交通拥堵的局面。

将第一推论和第二推论综合在一起进行演绎,可得:增加支路和支干路比例的努力将导致减少支路和支干路比例的结果;增加快速路比例的努力将导致减少快速路比例的结果。

这是一个典型的悖论,我们称之为“道路悖论”。这是一个在现行城市道路级配结构中,人们无法克服的悖论。如果将堵车看成“城市癌症”的话,道路悖论就是这个癌症的基因。

**历史的就是逻辑的**(恩格斯名言)。前述悖论中的逻辑矛盾,在国内外很多大城市交通改造的历史中,客观上都发生过生动的演绎。前述两个阶段的交通拥堵现象,在北京城市交通的历史上都先后出现过,北京道路交通改造也曾按照上述第一个推论和第二个推论做过很多努力。目前,北京正处于第二个交通拥堵局面之中,即交通高峰期二环路、三环路都处于交通拥挤的局面,平均时速常常在10公里/小时左右。

按照《汽车时代交通工程学探讨》第三章的"交通流匹配定律",当车流密度较高,道路服务水平较低时,交通间断流的道路根本无法与交通连续流的道路(快速路)相匹配,现行的四级道路结构永远无法消除交通拥堵现象。

按照《汽车时代交通工程学探讨》第三章的"速度趋同定律",在现行的四级道路级配结构中,随着车辆的增加,快速路上将发生车流速度降低到与非快速路车流速度大体相同的趋同现象,快速路的功能将完全丧失。

## 四、摆脱道路悖论的方法

根据交通流匹配定律,城市中的市区道路必须全部为连续流交通,即全部为快速路,才能满足这个定律的要求。

根据速度趋同定律,只有城市路网中任何一部分道路都能保持汽车快速行驶,其他道路才能保持快速行驶的局面,其结论同样是:城市中市区道路必须全部为快速路。

因此,摆脱这个"道路悖论"的方法就是将城市中市区道路全部建成快速路。如何将这个方法转换为具体的设计方案呢?请阅《汽车城市交通工程学探讨》第八章。

在理论上,市区道路全部为快速路是可以做到的。但是必须解决三个难题:一是,与平面交叉路口相比,这个快速路网的立交桥不多占用土地,以适应现有城市道路的改造和满足城市不多占用耕地的要求;二是,要解决人车彻底分离,建设宜人的步行系统(含自行车道);三是,要同步地解决大量汽车的停车系统。

《汽车城市交通工程学探讨》第八章中的设计方案全面解决了上述三个难题。

# 第五章　划时代的城市道路交通设计新思路

划时代的城市交通新特点产生了划时代的城市道路交通设计新思路。这个新思路将导致一个全新的城市道路交通结构要素的整合方式，产生一个完全适应汽车时代城市交通需求的简捷的道路交通系统模式。

## 一、设计思路要由“线”上转变到“面”上

汽车时代城市交通的一个划时代的特点是，城市的交通需求已经不只是对若干条干路通行能力的需求，即交通需求不只是表现在几条“线”上，城市中高密度的交通需求几乎表现在城市每一块土地上，即由“线”上的需求转变为“面”上的需求。当今城市道路交通系统的建设必须满足“面”上每一个功能点的交通需求，城市道路网中的所有道路都要全面实现连续流交通。城市交通进入了需要整个路网全部成为快速路，才能解决城市交通问题的新时代。设计思路要与时俱进，着眼点要由“线”转到“面”上来。应该说，当城市中汽车数量超过一定比例之后，只靠修好几条路就能改善城市交通的时代已经一去不复返了。

理解了上面的观点以后，就不难理解前不久美国一位交通专家 S. Stares 下述观点是不准确的。他说“道路建设是否能真正解决城市交通拥堵问题？如果说将近半个世纪的世界城市道路建设还能给我们一点启示的话，答案是明确的：不可能。城市道路建设只能是解决城市交通问题方法的一部分。”我们将 S. Stares的话做如下修改以后，这个说法就比较准确了。即：在开头的“道路建设……”前面加上“如果不是将城市中所有的道路全面改建为快速路，而只是进行强化几条路线通行能力的（道路建设……）”。

传统的、靠强化几条路线（即几条干路）的通行能力，企求解决城市交通拥挤问题的思路已经完全过时了。汽车时代城市的交通表现为两个特点：一个是城

市陷入汽车的“汪洋大海”之中，到处是汽车，靠强化几条路线的通行能力来解决交通问题的想法已经落后；另一个是单位土地面积上所形成的交通需求很高，微循环交通的交通量已经达到传统的快速路才能解决的程度。

汽车时代城市交通需求的特点，已经从“线”上的需求转变为“面”上的需求，即在每个单位土地面积上都产生了高密度的交通需求。与这个特点相适应的城市道路交通系统，必须在每单位土地面积上都提供高密度的交通供给。也就是说，城市道路交通系统设计的着眼点，应该从强化几条“线”的通行能力转变到强化每单位土地面积上路网的通行能力，即完成由“线”到“面”的转变。

传统的设计思路将城市道路依照通行能力的高低分为快速路、主干路、次干路和支路四个等级。按照《城市道路规划设计规范》，快速路、主干路、次干路和支路路网密度的比例约为 1∶2∶3∶6。主要依靠快速路和主干路承担连通的功能，承担城市机动车 50％以上的交通量。这种道路等级和交通量的划分已成经典，如下图所示：

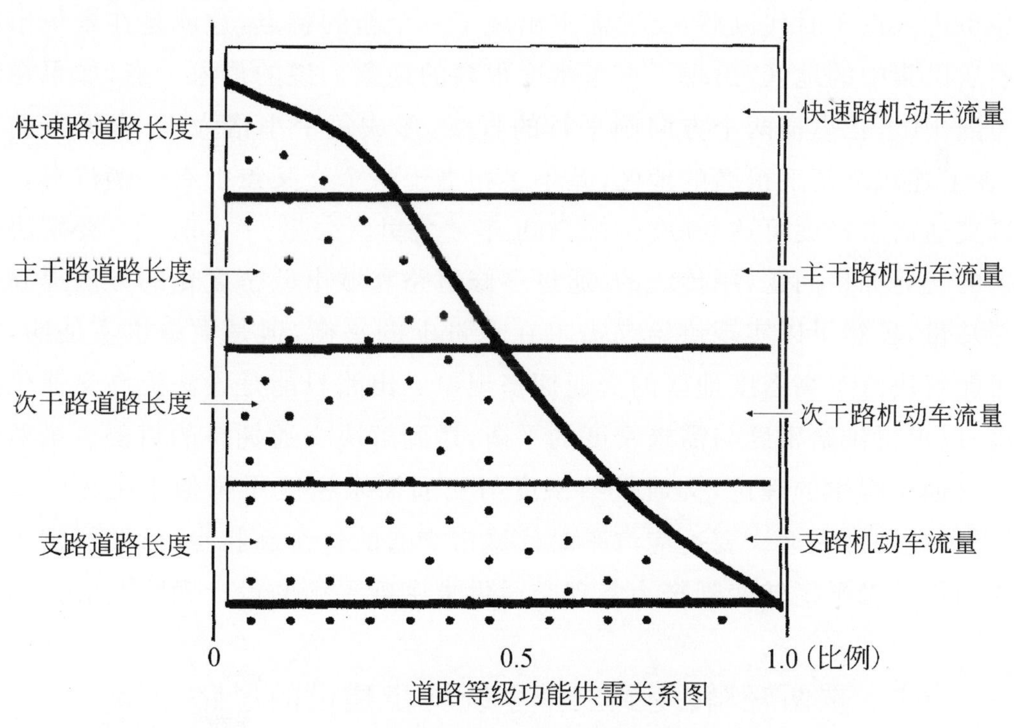

道路等级功能供需关系图

（本图参照《综合交通规划》）

按照上述传统的设计思路，快速路只占城市道路面积的8%左右。目前，各大城市交通的现状证明，当城市汽车拥有率超过100辆/千人以后，交通拥堵现象就会频繁地出现，微循环的交通拥堵现象日益严重，并随着汽车拥有率的不断提高，最终变为"不治之症"。以一个汽车保有量为800万辆的城市为例，按车均占道面积30～80米$^2$来计算，道路面积应为24000～64000万米$^2$，即240～640公里$^2$。显然，能维持交通畅达的快速路面积将远远低于这个要求，何况快速路不可能进入微循环的交通空间。可见，在现行城市的交通模式下，依靠强化快速路的通行能力解决汽车时代城市交通问题，不但在道路面积上满足不了需要，而且也无助于解决微循环的交通拥堵。

## 二、由交通供求总量平衡转变到交通供求密度平衡的设计思路

本文在前面提出的交通供给密度和交通需求密度的概念，是解决汽车时代城市交通问题的一个关键性的概念。

城市进入汽车时代以后，交通需求出现了一个新的特点，这就是在繁华市区或某些居民集中的地区，出现了汽车密度很高的现象。说的形象一点，如果在地面上每隔10米在纵横两个方向画平行的直线，形成每个小格为10米见方的方格图，在上述汽车密度很高的地区，差不多相当于每个交叉点上有一辆汽车。这类地区交通需求密度可达50000～80000[车·公里/(公里$^2$·小时)]。要解决这类地区的交通拥挤问题，用传统的、通过多修道路和城市低密度化的方法提高交通供给总量，虽然可以实现供给与需求在总量上的平衡，但是大量事实证明，根本不可能解决汽车高密度地区的交通拥挤现象。出路只能是设法提高交通供给的密度，以求得供给密度与需求密度的平衡，达到解决交通拥挤的目的。虽然按照现行交通工程学的理论，交通供给密度与交通需求密度平衡似乎是无法实现的，但是舍此别无它途。要适应汽车时代城市交通的这个新特点，就要坚定不移地由交通供总量平衡转变到努力实现交通供求密度平衡的设计思路上来。

## 三、由"一重两轻"转变到三个系统同步建设的思路

城市道路交通系统是由三个子系统构成的，即机动车道路系统、步行系统和

停车系统。现行的城市道路交通系统规划设计的思路，将着眼点主要放在解决机动车道路系统的建设上，往往机动车道路越修越多，步行系统却越来越差，停车位的“欠账”也越来越多。这是因为现行的交通工程学理论中虽然也强调步行系统和停车系统重要性，但是根本没有办法实现人车的彻底分流，也没办法实现与道路建设同步扩大的停车系统。这是一个在理论上没有给出满意答案的问题，所以国内外几乎所有的城市在道路交通系统规划建设中都形成了“一重两轻”的局面，即重机动车道、轻人行道和停车系统的建设。其结果造成的交通需求结构很不合理，一方面步行所占的比重越来越小，另一方面，或是路边停车较多影响道路通行，或是为寻找停车位增加绕行的距离。有资料显示在繁华市区为停车而增加的交通量高达30%。

城市进入汽车时代以后，由于汽车数量很大、密度很高，如果不改变“一重两轻”局面，城市道路交通系统已经无法满足可持续发展的要求。因此面对汽车城市道路交通系统的规划，要坚定不移的从偏重机动车道路规划的思路，转变到机动车道路、人行路和停车系统并重的思路上来。三个系统并重不仅表现在最终完成规划建设全部工程以后三个系统是平衡的，同时要确保在实施道路交通规划的每个阶段中随时保证三个系统同步协调建设。

## 四、由“市区公交优先＋市区外围使用小汽车”转变到“紧凑型城市”和小汽车主要用于市区的思路

目前国内外所有的大城市，在道路交通系统规划中，都无法跳出“市区内公交为主＋市区外围使用小汽车”的模式，即所谓多模式转换系统。实行这种模式将造成城市不可持续发展的问题。问题之一是如“二”中所述的微循环交通拥堵的问题永远解决不完；问题之二是城市低密度扩散的结果，出行距离越来越远，出行时间越来越长，道路交通总量越来越大，同时汽车能耗和尾气排放增加，步行交通所占的比例也越来越低；问题之三是城市占地越来越多，土地资源不足成了城市化发展的不可逾越的障碍。

解决上述三个问题的惟一出路是建设紧凑型的城市。所谓紧凑型城市是指人口密度为15000人/公里$^2$的城市。城市的基本特征是人们聚集，这也是形成

城市功能的基本条件。城市在被汽车交通迫使进行低密度扩散以前，城市的人口密度大约在15000(人/公里$^2$)。这个人口密度值是城市长期自然选择的结果，可以把15000(人/公里$^2$)称为城市本性的特征值。这个特征值应该成为建设紧凑型城市的一个指标。在汽车时代城市交通规划中要坚定不移的把规划思路转变到建设紧凑型城市的思路上来。

在汽车高度普及以后，我国汽车保有量将达到6～8亿辆，在城市外围和城市之间不可能提供足够的道路和停车位供那么多的汽车使用。也不可能有那么多的能源供给汽车在城市外围和城市之间跑来跑去。所以，汽车时代城市一定要为小汽车在市区内的行驶和停放创造宽裕的条件，使人们能够在市区内充分享受汽车文明所带来的舒适和便捷，城市之间的交通和外出旅游的交通主要依靠公共交通。在汽车时代城市交通规划中，要坚定不移的把规划思路转变到市区道路交通系统要为小汽车自由使用创造条件的思路上来。

## 五、从“轨道交通为主的公交系统”转变到“建设地面快速公交走廊”和无需建设地铁的思路

在大城市和特大城市的道路交通规划中，几乎无一例外的都把轨道交通为主的公交系统做为公共交通的主体。作为轨道交通主要形式的地下铁道存在很多缺点：缺点之一是投资巨大、运营成本很高、投资可支付性差，在经济上很不划算；缺点之二是道路可达性较差，辗转倒车造成出行时间很长，对老弱和残疾人也很不方便；缺点之三是防灾能力较差，近年来不少国际大都市的地铁都出现过严重的人为灾害；缺点之四是兴建地铁周期很长，赶不上地面交通拥挤发展的速度，此外兴建地铁时往往会严重影响地铁路线上方的地面交通。

历史上地铁的出现本是地面交通拥堵的结果。如果地面交通能够彻底解决交通拥挤，建设完善的地面快速公交系统，城市交通完全没有必要转入地下。没有必要建设地铁。按照本文提出的汽车时代城市交通的新理论和新方法，地面交通的畅达完全可以实现，在城市道路交通系统规划中应确立不依靠地铁和不建设地铁的思路。

## 六、由追求非直线性系数转变到追求交通畅达和高可靠性的思路

城市进入汽车时代以来，路网通行的非直线性系数的要求已经严重脱离城市交通的实际。尽管在道路系统设计中评价路网形式的优劣，要把非直线性系数放到重要位置，有的路网设计中还为此增加了对角线的道路。但是，其结果常常事与愿违，增加了路口的拥堵，绕行成了家常便饭。一般情况下，为了追求非直线性系数，普遍否定选择行驶路线方便、通行可靠性较高的方格式路网，优选环放式或对角线式路网。城市交通的事实证明，车辆较多的情况下在环放式或对角线式路网中，绕行的距离和出行的时间，远大于方格式路网。城市进入汽车时代以后，驾车选择的行驶路线偏重于考虑交通畅达和可靠，而不是首选哪条路线行驶距离最近。可见，城市进入汽车时代以后，在规划中追求非直线性系数的思路已经过时，应该转变到追求交通畅达和高可靠性思路上来。在一般情况下，推荐优选方格式路网。

# 第六章　城市道路交通规划目标中的相悖问题及完全满足可持续发展要求的规划目标体系

## 一、城市道路交通系统可持续发展的正确思路

### 1. 指导思想

城市道路交通的可持续发展问题的基本思想应遵循我国的科学发展观。党的十六届三中全会进一步明确提出了“坚持以人为本、树立全面、协调、可持续的发展观，促进经济社会和人的全面发展”。温家宝总理在一次讲话中强调：“按统筹城乡发展、统筹区域发展、统筹经济社会发展、统筹人与自然和谐发展、统筹国内发展和对外开放的要求”。“坚持可持续发展，这就要统筹人与自然和谐发展，处理好经济建设、人口增长与资源利用、生态环境保护的关系，推动整个社会走上生产发展、生活富裕、生态良好的文明发展道路。我国人口众多，资源相对不足，生态环境承载能力弱，这是基本国情。特别是随着经济的快速增长和人口的不断增加，能源、水、土地、矿产等资源不足的矛盾越来越尖锐，生态环境的形势十分严峻。高度重视资源和生态环境问题，增加可持发展的能力，是全面建设小康社会的重要目标之一，也是关系中华民族生存与长远发展的根本大计”。“坚持资源开发和节约并举，把节约放在首位，在保护中开发，在开发中保护；坚持统筹规划，加大投入、标本兼治，突出重点，有步骤的进行环境治理和建设”，“坚持以人为本。这是科学发展的本质和核心。以人为本，就是要把人民的利益作为一切工作的出发点和落脚点，不断满足人们的多方面需求和促进人的全面发展”。

### 2. 要抓住难得的机遇

城市道路交通可持续发展的问题，是我国经济发展的可持续性、社会发展的

可持续性和资源利用的可持续性等国家可持续发展的重要组成部分。目前我国城市化比重为39%，预计至2020年城市化比重将达55%，城市人口将达7亿～7.5亿，按目前城市汽车增长速度，估计至2020年我国汽车保有量将从2000万辆增加至1～1.5亿辆，是目前汽车保有量的5～7倍。城市道路交通的可持续发展面临者十分尖锐、十分严重的问题。为了国家经济社会的可持续发展，应该在汽车全面进入百姓家庭之前，抓住汽车时代刚刚起步的难得机遇，彻底解决城市道路交通的可持续发展问题。

**3. 关键在于认清必然规律**

解决城市道路交通系统可持续发展问题的首要工作是搞好城市道路交通系统规划，而这个规划能否满足可持续发展的要求，关键在于科学地确定规划的目标体系。这里所谓的科学地确定规划目标体系，就是要把确立规划目标体系的工作，建立在对城市道路交通发展中必然性和规律性的正确认识的基础上。例如：要不要把饱和的汽车拥有率(600辆/千人)作为规划目标；要不要把人均占地67米$^2$(人口密度15000人/公里$^2$)作为规划必须遵循的条件？要不要把交通畅达、平均车速60公里/小时，作为规划目标？另外，城市进入汽车时代以后，究竟存在哪些新的必然规律？汽车大部分时间停在路上，道路本来具有的通行能力发挥的越来越低、甚至低于道路应有的通行能力的四分之一，这难道是正常的吗？

我们认为，只有对城市交通中出现的新规律有全面的认识，只有对城市交通量发展的最终水平有客观的、全面的估计，才能够科学地确定城市道路交通系统的规划目标，才能够搞出科学的城市道路交通系统规划，才能够确保城市道路交通系统的可持续发展。

揭示客观规律，完成从“必然王国”向“自由王国”的飞跃，这就是应该采取的思路。

## 二、城市道路交通规划的目标体系

**1. 确定城市道路交通规划目标体系的科学方法**

城市道路交通系统规划是属于多目标规划，科学地选择规划目标是实现规划系统科学性的首要条件。由于城市道路交通涉及到城市布局、城市功能、土地占用、能源消耗、环境保护、社会公平、交通安全和拉动汽车工业发展以及城市道路投资的可支付性等很多问题，所以规划目标体系非常庞杂。这个规划目标体系中，有的目标属于基本目标，如城市人均占有土地这个目标就属于基本目标，它代表了与土地有关的一系列指标，包括人口密度、道路面积率、建筑覆盖率、道路密度以及与城市用地结构有关的各项指标。由基本目标可以派生出或分解出一些子目标，在具体规划设计中，还有很多的重要结构参数。所以，在选择城市道路交通系统规划目标时，应该力求抓住"纲"，做到规划目标既精简又没有疏漏，达到所谓"纲举目张"的效果，使规划目标体系全面涵盖城市道路交通所涉及的各个方面。

为了实现确定城市道路交通规划目标体系的科学性，应遵循以下各项要求：

(1) 紧紧围绕《雅典宪章》和《马丘比丘宪章》所提出如下的期盼：

"……我们实在需要一个新的街道系统，以适应现代交通工具的需要"(见《雅典宪章》)

"……城市土地有限仍然是实现规划好的城市建设的根本阻碍。所以，对这一问题今天仍迫切要求拟定有效的公平的立法，以便在不久的将来能够找到确有很大改进的解决城市土地的办法"(见《马丘比丘宪章》)。

(2) 紧紧抓住城市交通新理论所揭示的城市交通拥堵的要害问题——城市交通拥堵的根源是目前市区内交通供给密度[车·公里/(公里$^2$·小时)]远远小于交通需求密度。后者是前者的5倍，两者存在着无法弥合的巨大反差。由于这个巨大反差的存在，像美国各大城市在城市低密度扩散之后，仍然无法解决市区之内交通严重拥堵的问题。我们主张在城市道路交通规划目标体系中一定要包含交通供给密度这一项。

(3) 城市道路交通系统规划应该满足汽车时代城市最大交通量的要求，因此，要以饱和状态的汽车拥有率和市区平均车速(例如60公里/小时)为规划的基本目标。

(4) 规划目标体系应该全面体现道路交通系统的"外特性"，即与道路交通系统使用功能、服务功能有关的各项特性，而没有必要包含道路交通系统设计中的结构参数，因为这些结构参数属于实现"外特性"要求的手段，而不是必须实现的目标。

(5) 选定的规划目标应力求提出定量指标，规划目标不应是定性的指标，更不应该是概念性的要求。只有这样做，才能满足可操作性的要求。

**2. 城市道路交通系统规划的基本目标**

可以把涉及到经济的、社会的和资源的诸多规划目标，归结为以下13个基本目标：

(1) 交通畅达

彻底消除城市交通拥堵现象，实现交通完全畅达。这个交通畅达在时间上表现为，在城市发展的全过程中交通始终处于畅达状态。即从现在开始至汽车高速增长期结束后，汽车拥有率达到600辆/千人的饱和水平以后，城市交通仍保持畅达状态；这个交通畅达在空间上表现为，城市的全部地域上（包括在繁华的市中心）道路交通全部处于畅达状态。

目前，在世界上没有任何一个城市实现了交通畅达的目标，包括纽约、东京、巴黎、伦敦、洛杉矶等国际性大都市，在市区内都存在着严重的交通拥堵现象。这个问题如不能彻底解决，城市交通的可持续发展是无法实现的。正如何东全博士最近所指出的："我们北京是我国堵车最严重的城市，现在还没有达到美国那样一个情况。这种国际上的例子给了我们一个非常震撼的情景，我们如果不在现在去努力解决交通问题，那么我们未来很可能就发展到他们那样严重的程度。"

(2) 饱和水平汽车拥有率

汽车一旦进入家庭，汽车拥有率的提高将是历史的必然。分析资料显示，当人均GDP达到15000～20000美元时，人均汽车拥有率必将达到500辆/千人以上。应该将饱和状态的汽车拥有率作为规划目标。

有人主张，通过交通需求管理，限制城市的汽车拥有率。由于实施这些限制的条件之一是维持城市道路的低服务水平，即亚拥堵状态，以免道路的畅达刺激个人自驾车出行的欲望，所以这种做法不仅违反了"以人为本"的原则，违反了"公平"的原则，而且不能真正达到限制汽车增长的目的。也只有新加坡、香港这样的地域非常狭小的国家和地区，按照强者生存的原则，限制了小汽车的增长。在其他城市，这种限制会导致城市向郊区漫延，降低城市的运行效率。

(3) 汽车密度、或城市人口密度、或人均占地下图为52个国家与地区的人均收入与机动车拥有率的关系。

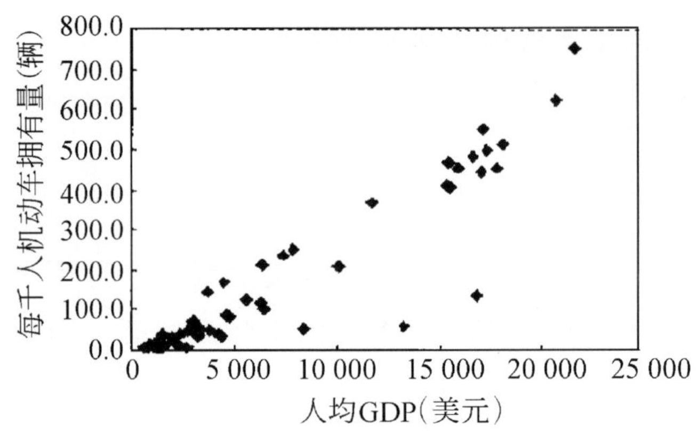


(本图转引自《路在何方》)

城市人口密度决定汽车密度,它是影响城市交通可持续发展的、带有根本重要性的一个指标。在汽车拥有率600辆/千人的前提下,城市人口密度15000人/公里$^2$就相当于汽车密度9000辆/公里$^2$。

汽车密度对城市交通中多项技术经济指标有决定性作用,如:

① 城市人口密度(人/公里$^2$)=汽车密度÷汽车拥有率

② 城市占有土地面积=城市人口÷(汽车密度÷汽车拥有率)

③ 汽车日平均出行距离与汽车密度的平方根成反比。

④ 乘车日平均出行时间与汽车密度的平方根成反比。

⑤ 汽车能源消耗与汽车密度的平方根成反比。

⑥ 汽车污染物排出量与汽车密度的平方根成反比。

⑦ 在城市人口规模不变的前提下,城市的汽车容量与汽车密度的平方根成正比。

⑧ 在道路面积率不变的前提下,每辆汽车的城市道路投资与汽车密度成反比。

⑨ 汽车密度对全国汽车的饱和容量起决定性作用,并间接地决定汽车工业发展的市场容量,间接影响城市内是否限制小汽车购买和限制小汽车出行等社会公平性问题。此外,还会影响到城市地铁的乘坐率,这涉及到是否兴建地铁等投资决策问题。

(4) 对汽车工业的拉动力

今后 40 年为我国汽车工业的发展提供购买力总额 100 万亿元的内需市场。

当全国汽车保有辆达到 6 亿辆时,购买和重置车辆将达到 10 亿辆。按现价计算,购买力总额将达到 100 万～150 万亿人民币,实现这个规划目标的关键是要在全国所有城市都实现交通畅通,都能承受 600 辆/千人的汽车拥有率。

(5) 宽裕的停车系统

停车系统属于静态的交通设施,一个完美的汽车时代城市,其停车系统应达到两个要求:一个是停车位总数应该大于城市的汽车保有量,我们认为,不应小于汽车保有量的 1.1 倍;另一个是,在城市交通设施建设的每一个阶段,能随时保持停车位总数大于当时汽车保有量的 1.1 倍,同时满足就近停车的要求。

(6) 便捷宜人的步行系统

人们在出行时是否选择步行,取决于步行道路的便捷、舒适、安全和中间无需停顿。完善的步行系统是减少汽车交通量和提高公交系统乘座率的重要条件,也是使人们生活贴近自然,提高生活质量的重要条件。

(7) 能源消耗

目前,全世界的汽车保有量约为 7 亿量,估计一代人之后,世界汽车保有量将达到 15 亿辆,并最终可能达到 30 亿辆以上,汽车的能耗目标应该以全世界的能源供应为前提。汽车的能耗除了与汽车本身的技术性能有关之外,主要取决于汽车的日平均出行距离、出行时间、频繁启动情况等因素,所以在道路交通系统规划中应把汽车能耗作为一个重要规划日标。

(8) 环保指标

环保指标指汽车的排放污染、噪声污染。排放和噪声除了与汽车本身的技术性能有关之外,与道路交通系统的结构有密切关系。在排放水平和噪声程度一定的前提下,道路交通系统的结构不同,尾气排放和噪音对人们生活的影响会有很大差别。因此,环保指标应是道路交通规划的重要指标之一。

(9) 车均道路投资

在进入汽车时代以后,城市道路交通投资总额在一定的人口密度前提下,主要取决于汽车保有量。在汽车保有量较高时,由于交通严重拥堵,迫使地面交通转入地下——修建耗资巨大难以回收的地铁系统。可见,地铁的投资的产生也是间接地取决于汽车保有量。因此，衡量道路交通系统投资的基本指标应是车均道路投资。本文后面的分析将证明，不同的道路交通系统，车均道路投资额的差别将达到1～5倍。为了解决道路投资可支付性问题，建立道路投资和回收的良性循环，应该把车均投资额作为道路交通系统规划的一个重要目标。

（10）交通安全

有人统计，在发达国家道路交通安全造成的损失高达GDP的2%，我国属于交通事故率较高的国家，在道路交通系统规划设计中，必须满足大幅度降低交通事故率的要求。

（11）公交出行分担率

公交出行分担率对于城市交通能耗、环保和道路交通负担等具有根本性的影响，在小汽车完全普及之后，不可能提供成倍的停车位满足小汽车门到门的交通，公交系统必将承担工作出行的运载功能。

（12）社会公平

以人为本是科学发展观的核心，道路交通系统必须为后富起来的人们购买和使用小汽车创造条件；必须为国家全面实现小康以后，老百姓购买和使用轿车创造条件；必须为弱势群体的出行创造保持人格尊严的出行条件。不能像有的城市，道路越修走路越难。城市被快速路人为分隔，绕行距离越来越长，迫使行人不得不跨越栏杆或以逃亡的速度横穿马路。

（13）交通供给密度

交通供给密度[车·公里/(公里$^2$·小时)]＝汽车密度(辆/公里$^2$)×日平均距离÷9

目前，大城市中心区交通需求密度高达50000[车·公里/(公里$^2$·小时)]或更高，按现行交通工程学理论和现行城市交通模式，交通供给密度只能达到6000～10000[车·公里/公里$^2$·小时)]，按照本文提出的城市交通新理论和新方法，交通供给密度可以达到50000～80000[车·公里/(公里$^2$·小时)]。

（本项指标的详细说明见第三章）

### 3. 关于道路交通系统规划指标中存在的相悖现象

半个多世纪以来，城市道路交通始终无法摆脱困境。早在1933年的《雅典宪章》和1977年的《马丘比丘宪章》中都原则地、但很明确的提出了对道路交通系统规划目标的要求，为什么至今道路交通系统仍无法满足上述13项目标呢？如果现在这个问题还得不到准确的答案，我们就没有理由指望今后的道路交通规划能够全面实现这13项规划目标。事实上，每个城市都经历过若干次道路交通系统的全面规划，在每次规划完成之初都是满怀信心的……。几十年过去了，反复不断的挫折已经使很多人认为城市道路拥堵和低密度的扩散以及由此引起的各项问题，都属于不治之症。当然，还有很多人士坚信总会找到彻底解决问题的办法，全永燊、刘小明先生《路在何方》一书的序言中很客观地写道："……不可否认，我们对交通的属性特征及其自身发展的内在规律还缺乏足够的、准确的认识。因此，我们解决交通问题的思路和具体方法就难免带有一定的盲目性，事倍功半（甚至事与愿违）也就是自然的结果了"。

以下试图对上面提出的问题作比较准确的回答：

(1) 道路交通系统越治越堵的根源之一是，按照现行的城市交通模式各个规划目标之间存在着相悖的关系，这些目标不可能同时得到满足。

① 在道路交通系统规划指标中，畅达指标和人均占地指标存在着相悖的关系。随着汽车保有量的增加，逐渐出现了交通拥挤现象，为了解决交通拥挤，将导致多修道路和城市的低密度扩散。低密度扩散的结果，增加了日平均出行距离，从而增加了道路的交通负荷。从发达国家各大城市的经验来看，这种扩散趋势将最终稳定在人均330米$^2$左右，比给定的目标人均67米$^2$高了很多。如果维持人口密度在15000人/公里$^2$之内，则交通拥堵更加无法解决。可见，追求交通畅达，人口密度的指标无法保证；若保证人口密度，则交通拥挤现象无法得到改善。犹如"鱼和熊掌不能兼得"，这两个规划目标是相悖的。

② 在道路交通系统规划指标中，汽车拥有率600辆/千人、公交分担率和车均道路投资等规划指标，在一定条件下是相悖的。

随着汽车拥有率的不断提高，交通拥堵现象日趋严重。拥堵的结果使公共汽车平均行驶的速度大幅度降低，从一些大城市的情况来看，公共汽车的平均行驶由15公里/小时降至7公里/小时以下，不但不能实现快速公交，公交运行速度反而更低。只要小汽车拥堵，公共汽车也同样拥堵。如果不能解决小汽车交通拥堵的问题，其结果必然是汽车拥有率越高，公共汽车出行分担率越低。为了摆脱这种局面：一方面，城市不得不大量修建地铁；另一方面，不得不降低人口密度，增加市政道路。从而导致道路投资迅速增加，控制车均道路投资额的规划目标，将一再被突破，并超过道路投资的支付能力。如果要保证在城市繁华地区公交系统的畅通，则势必要限制小汽车在繁华地区的行驶，抑制汽车拥有率的正常提高，人们不能充分享受汽车文明带来的舒适和便捷。

(2) 半个世纪以来，城市交通拥堵问题长期得不到解决的深层次原因是：交通供给密度与交通需求密度相悖。

进入汽车时代以后，城市交通需求的密度增加至 50000(车·公里/公里$^2$·小时)或更高，而城市交通供给密度只能达到 10000(车·公里/公里$^2$·小时)。

以 100 公里$^2$ 土地面积的城市为例，当交通需求密度增加至 50000(车·公里/公里$^2$·小时)，城市交通需求的总量为 100 公里$^2$×50000(车·公里/公里$^2$·小时)＝500 万(车·公里/小时)。由于交通供给密度只能达到 10000(车·公里/公里$^2$·小时)，为了保证城市交通供给的总量达到 500 万(车·公里/小时)，则城市土地的面积必须增加到 500 公里$^2$。城市土地面积增加的结果查，又增加了汽车的出行距离，从而导致交通总需求量的进一步增加……。严重的问题是：城市交通供给总量与城市交通需求总量之间既使取得了平衡，也无助于解决市区内交通供给密度与交通需求密度的严重失衡问题，不能解决日趋严重的交能拥堵问题。

在城市中心区交通供给密度既不可能提高，而交通需求的密度也不可能降低，供给密度与需求密度的反差根本无法得到解决。但这是一个必须解决的问题，需要在道路交通规划目标中，特别增加一项，即上述之(13)，交通供给密度应该达到 50000～80000(车·公里/公里$^2$·小时)。

(3) 关于克服道路交通各项规划目标之间相悖的说明

前面谈到：一方面各项目标之间的相悖问题，是几十年来城市道路交通拥堵等问题长期得不到解决的根源；另一方面，这些规划目标又必须全部得到满足，才能达到可持续发展的要求。出路在哪里？按照本文的观点，上述相悖问题存在的根源在于现行的交通工程学理论存在着重大缺陷。按照本文所提出的理论和方法，上述相悖问题应能全部得到克服，道路交通系统的各项规划目标可以同时得到满足，城市道路交通的可持续发展是完全能够实现的。

**4. 道路交通系统规划 13 项基本目标的定量要求**

(1) 交通畅达

交通畅达的要求为市区平均车速不低于60公里/小时。城市堵车造成的经济损失降低至目前的1%以下。

(2) 饱和水平汽车拥有率

汽车拥有率应以饱和水平(600辆/千人)为规划目标。

(3) 汽车密度、或城市人口密度、或人均占地

城市人口密度15000人/公里$^2$左右(即人均占地67米$^2$)。对于小城市密度应偏高,大城市密度可适当偏低。

(4) 对汽车工业的拉动力

全国汽车保有量最终达到6亿辆以上,在全国所有城市都能自由购买和使用小汽车。

(5) 宽裕的停车系统

城市停车位总数≥110%城市汽车保有量。

(6) 便捷宜人的步行系统

在10分钟步行的范围内,可以解决日常生活全部需要,可以解决小学生就学的要求;在5分钟步行的范围内,可以乘坐公交车辆;每100米左右设置供行人休息的可遮阳蔽雨的坐位。

(7) 能源消耗

每辆车能量消耗降低至目前消耗水平的1/4。

(8) 环保

每辆车尾汽污染和噪声污染降低至目前污染程度的1/4。

(9) 交通设施投资

车均道路交通投资降低至目前的1/4。不需要建设地铁工程。

(10) 交通安全

平均每10万辆车交通安全造成的经济损失降低至目前的1/3以下。

(11) 公交出行分担率

公交系统出行分担率达50%左右。

(12) 社会公平

对购买和使用小汽车,不进行任何限制,也不加收任何费用。

(13) 交通供给密度

交通供给密度不低于交通需求密度，达到 50000～80000 车·公里/(公里$^2$·小时)。

**5. 道路交通系统规划目标体系**

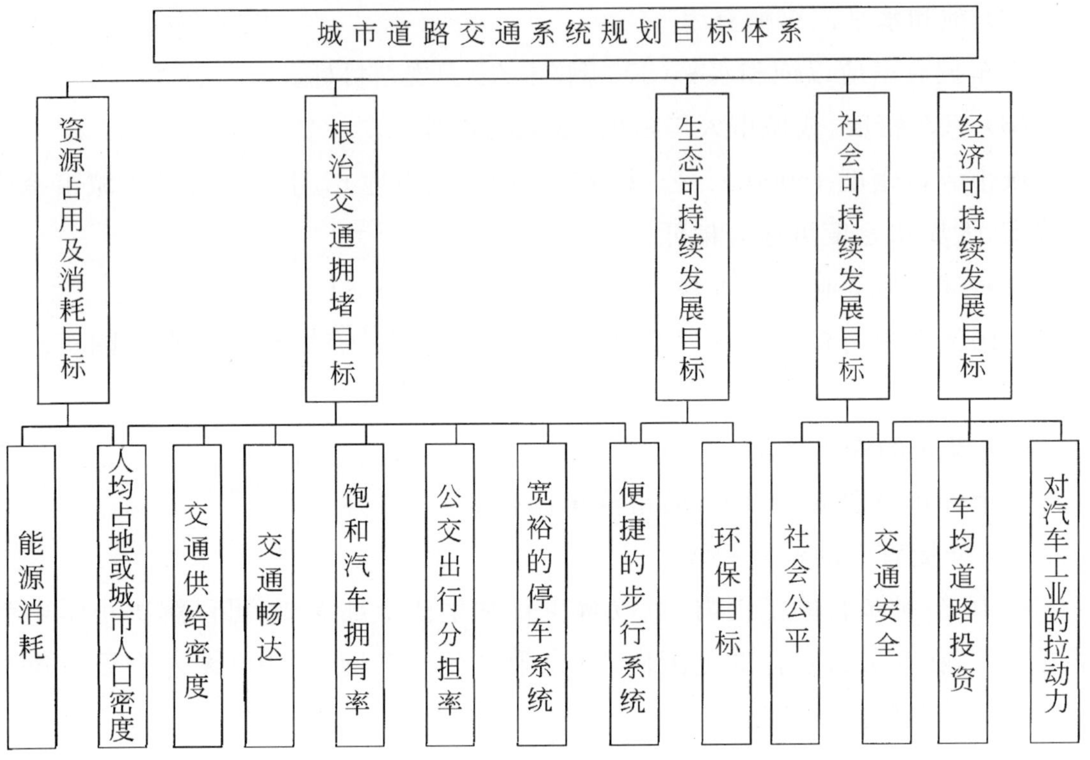


## 三、彻底打破"拥堵—治理—再拥堵"的怪圈

世界上几乎所有的大城市的交通治理都无法摆脱"拥堵—治理—再拥堵"的怪圈，已经挣扎了几十年了。这个怪圈可以用方框图表示如下：

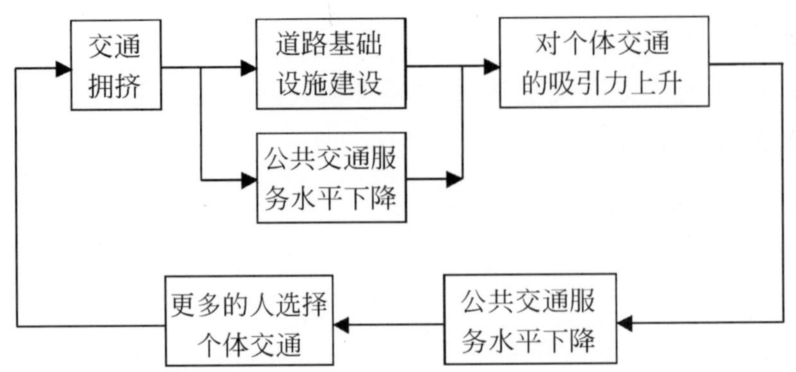

治理以后为什么会再拥堵呢？其实道理很简单，就是车辆大幅度增加了，这样就可以得出一个结论：如果交通治理是按照车辆增加的极限为目标，治理之后，就不可能出现再拥堵的现象了。本文认为，只要坚定不移地以前述的13个规划目标为交通建设或交通治理的目标，只要采用本文所提出来的城市交通新理论和新方法，全面实现这13个规划目标的要求，这个“拥堵—治理—再拥堵”的怪圈就一定会彻底被打破，城市交通升华到完全畅达的新境界。

## 四、城市道路交通系统规划是否符合可持续发展要求的简单判断方法

### 1. 可持续发展一票否决论

城市道路交通系统的规划是否满足可持续发展的要求，可以用以下三个必要条件来判断，只要有一个条件得不到满足，这个规划就不能满足可持续发展的要求，就应该被否决。这三个必要条件是：

(1) 汽车拥有率达到600辆/千人的饱和水平，城市不出现交通拥堵现象。

(2) 城市空间密度满足紧凑型城市的要求，人口密度为15000人/公里$^2$或人均占地67米$^2$。这个条件对我国具有十分迫切的现实意义。据国土资源部的数据，仅2003年我国耕地就锐减3608万亩，几乎相当于全国耕地的2%。可见，在我国城市化的高速发展中，在汽车保有量高速增长，如不严格控制城市人口密度和人均占地水平，将造成灾难性的后果。

(3) 行车、停车和步行系统同步建设，全部车辆都有合适的停车位，并且有宜人的步行系统。

### 2. 可持续发展充分条件论

城市道路交通系统的规划只要同时满足以下六个条件，就一定是满足可持续发展的要求，这六个条件构成城市道路交通系统可持续发展的充分条件。这六个条件是：

(1)～(3)，与上述必要条件(1)～(3)相同。

(4) 每辆汽车的道路平均投资只相当于目前的四分之一左右。

(5) 每辆汽车的平均能耗只相当于目前的四分之一左右,并且有利于电动汽车等绿色交通工具逐步取代燃油汽车。

(6) 符合城市环保要求。

# 第七章　实现城市道路交通规划十三项基本目标的方法

本章将就各项基本目标，给出推算基本设计参数和确定结构设计要点的具体方法。

## 一、交通畅达目标的实现方法

假定条件：

城市人口密度 15000 人/公里$^2$

城市饱和汽车拥有率 600 辆/千人

每车日均出行距离 35～60 公里/日（城市面积较小时，取出行距离下限，对于特大城市取上限）

车道面积率（车道面积占道路全部面积的百分比）70％

车流密度 31 辆/公里（相当于道路服务水平略低于二级）

高峰小时交通流量比 11％（倒数取整数 9）

求：道路面积率。

解：

从假定条件可得：交通需求密度[车·公里/(公里$^2$·日)]

＝人口密度×饱和汽车拥有率×日均出行距离

＝315000～540000 车·公里/(公里$^2$·日)

根据第三章、四、1 中公式①可得：

交通供给密度[车·公里/(公里$^2$·日)]

＝(1 公里$^2$×道路面积率×车道面积率/车道宽度/公里$^2$)

×车流密度×车速×9 小时/日

=道路面积率×3124800 车·公里/(公里$^2$·日)

取:交通需求密度=交通供给密度,由上式可得:

交通需求密度=道路面积率×3124800(车·公里/公里$^2$·日)

道路面积率=交通需求密度/3124800(车·公里/公里$^2$·日)

$$=\frac{315000\sim540000\text{ 车·公里/(公里}^2\text{·日)}}{3124800\text{ 车·公里/(公里}^2\text{·日)}}=10.1\%\sim20.7\%$$

答案:在假定条件下,取道路面积率 10.1%~20.7%即能满足交通畅达的要求。

设计裕量的验算:

将假定条件中部分参数的数据适当调高,车道面积率从 70%提高到 80%,车速由 60 公里/小时提高到 70 公里/小时,道路面积率为 22%,计算可得:

交通供给密度=916600 车·公里/(公里$^2$·日)

交通供给密度:交通需求密度=(1.4~2.9):1

可见,交通供给密度为交通需求密度的 1.4~2.9 倍,可以实现交通畅达,不产生堵车现象。

结论:

(1) 按假定条件选定设计参数,道路面积率按 22%选择。

(2) 优选交通疏散性良好、可靠性高的方格式路网。

在结构上确保实现车速为 60~70 公里/小时,其办法是:

(1) 将机动车道和人行道分设在各自一层,实现彻底的人车分流。将机动车道设在地面一层,将人行道设在地面上一层(架空一层的高度)或部分设在地下。

(2) 机动车道每个交叉点设简易式立交。这种简易式立交结构形式上与分离式立交相同,但是可以利用相邻的道路通过连续的右转弯实现匝道的功能。这种简易式立交是一种不需要专用匝道的、不多占用土地的互通式立交。由于彻底的人车分流,在机动车道上根本不会有人和自行车的出现,所以不需要设置专用匝道,就能实现互通式立交的功能。

(3) 按照"1、2、"中所述的方法,整个市区的路网全部实现连续流交通,相当于路网中所有的道路都是快速路。

本办法结构安排有很大优点：其一是机动车道设在地面，不必架设高架路，所以道路投资相对最低；其二是简易式立交与传统的互通式立交效果基本相同，但不需要设置专门的匝道，每个立交桥可以节约 2～10 万米$^2$ 的土地，而且投资与普通的分离式立交桥相同，节约了巨额的投资。

## 二、饱和汽车拥有率 600 辆/千人

按照“一、”中的方法本项规划目标的实现问题已经得到解决。

## 三、汽车密度、或城市人口密度、或人均占地

按照“一、”中的方法本项规划目标的实现问题已经得到解决。

## 四、对汽车工业发展的拉动力

按照“一、”中的方法，本项规划目标的实现条件已经得到解决。由于假定每车日均出行距离为 35～60 公里/日，已经涵盖了全国所有大中小城市，汽车可以全面进入所有的城市，并均达到 600 辆/千人汽车拥有率的水平，可以确保形成 100 万～150 万亿元购买力总额的汽车内需市场的发展空间。

## 五、宽裕的停车系统

根据 15000 人/公里$^2$ 的人口密度和 9000 辆/公里$^2$ 的汽车密度，需要停车位密度大于或等于 9900 位/公里$^2$。

结构措施是建筑物首层全部架空用于停车（架空层顶部设置人行道和空中花园）。在架空层停放全部车辆的 75%，在地下人防工程中停放其余的 25%。

每平方公里内地面停车位总面积＝9900 车位/公里$^2$×75%×30 米$^2$/车位

＝222750 米$^2$/公里$^2$

建筑物架空层覆盖率取 30%，架空层总面积为 300000 米$^2$，停车位总面积占

架空层面积的74%。

结论:在架空层停车可以保证车位充足,而且地面架空停车的投资和运营费用均低于在地下建停车场;由于地下人防工程是必须要建的,利用人防地下室停车是一种节约。地下停车位占面积90000米$^2$,完全可以放在地下人防层,停车问题全部可以得到解决。

## 六、便捷宜人的步行系统

实现方法如下:

(1) 按照人均占地67米$^2$建设紧凑型的城市,与现行交通模式下的城市相比,出行距离可以缩短一倍以上,这是建设便捷的步行系统的一个重要条件。

(2) 将步行系统设在地面以上单独一层,与机动车彻底分离,走路不需要担心交通安全,也不必因红绿灯而停顿等待。人行道可以按花园式的道路进行设计,每隔一定距离可以设置路边小亭或健身设施或儿童游乐设施,可以实现步行环境宽松而舒适。

(3) 将城市中生活组团面积设计为2.1公里×2.1公里$^2$左右,每个组团大约有居民6～7万人。在同样大的面积内,与美国新城市主义的设计相比,居民数量大约增加到5倍。生活组团中居民的规模能够达到足够大的规模,组团内有条件建设功能齐全的文化、体育、商业、娱乐、饮食、学校、医院等各项生活配套设施,可以有比较多的就业岗位。这样才能有足够的吸引力把小区居民日常生活的出行封闭在组团以内。在组团内主要依靠步行解决交通问题,不仅减少了组团内交通的尾气和噪声污染,而且可以减轻市区机动车道路的负担。

路口间的距离设计为700米左右,在两个路口之间可以设计一条支路,使路口的距离缩短为350米左右,确保在500米步行范围内即可到达公交车站。

## 七、能源消耗

由于出行距离与现行城市交通模式相比,可以缩短一倍。出行距离缩短以后，步行交通分担率会有明显提高。此外，由于取消了红绿灯和消除了堵车现象，从而消除了频繁启动，汽车可以按经济时速行驶。初步估计，车均能耗将降低至目前消耗水平的三分之一左右。如下文所述，公交出行的分担率约为50%。因此，车均能耗将进一步降低至四分之一左右。

## 八、环保指标

(1) 如前文所述，随着车均能耗降低至四分之一左右，尾气污染自然相应降低。

(2) 将机动车道安排在地面，建筑物首层架空停车，人行道架空并与机动车道完全分离，尾气、噪声等污染对居民的影响将得到明显的改善。

(3) 由于出行距离缩短、机动车为连续流交通等因素，城市道路将更适于电动汽车等绿色交通工具的使用，还由于步行和公交出行分担率的提高，城市将最终建成基本没有污染的绿色交通系统。

## 九、车均道路投资

(1) 采用上文所述的城市道路交通模式，在道路面积率一定的情况下，车均道路面积只有现行城市交通模式的四分之一。在所述道路交通模式下，车均道路投资与车均道路面积大致成正比。因此，车均道路投资将降低至四分之一左右。

(2) 由于不需要建设地铁，将进一步降低车均道路投资。

按照发达国家大城市的数据来估算，大约每 5 万居民平均要建 1 公里的地铁，按每公里地铁投资 7 亿元人民币，平均每个居民需地铁投资为 1.4 万元，按汽车拥有率 600 辆/千人计算，相当于每辆汽车因地铁而增加的外部道路投资为 2.33 万元，大约为车均道路投资的四分之一左右，这是由于无需修建地铁而使车均道路投资节约的部分。

(3) 由于城市面积减少至传统交通模式的四分之一，这相当于城市直径减少一半，公交车的运行距离减少一半，其结果是公交车的车辆可以减少一半；由于公交车的运行速度将提高到现行交通模式的2.5倍，大约又可使公交车数量减少一半。综合以上两个因素，公交车数量大约只相当于现行模式下的四分之一，将使交通投资节约很多。

(4) 如下文所述，估计由于交通安全造成的车均损失将降低至现行水平的三分之一左右。

(5) 由于交通模式的改变，估计车均交通管理费将降低至目前的五分之一左右。

结论：由于多方面的节约，车均道路投资降低至四分之一的目标，将完全能够实现。

## 十、交通安全

我国目前交通事故居世界首位，2003年交通死亡人数10.4万人，占世界交通死亡人数的20%。而我国汽车保有量只占世界汽车保有量的1/35，可见交通事故率很高。

从交通事故的构成来看，受害者3/4是行人、乘车人和骑自行车的人，交叉路口又是交通事故的高发地点。因此，有理由相信在实行人(含自行车)、车彻底分离之后，在城市内取消红绿灯以后，交通事故必将大幅度降低，事故率应能降低至目前水平的1/3以下。

## 十一、公交出行分担率

(1) 纵观几十年来各大城市公交出行分担率的差别和变化，可以将提高公交出行分担率的条件概括如下：

公交车密度高，等待时间短；速度快，节约时间；可达性好，而且乘车前后步行便捷舒适；乘坐舒适，不过分拥挤；车站条件好，等车和上下车都能遮阳避雨；体面而经济、防盗且安全等。

(2) 为了满足以上条件，在规划设计中采用以下办法：

1) 沿着城市的纵轴线设置公建带。将市一级的功能全部排列在公建带上，还将第二产业、第三产业和部分第一产业设置在公建带上，以使较多的工作岗位分布在纵向公建带两侧，在公建带的中央轴线设置纵向的快速公交走廊。在公交车道中没有红绿灯，为连续流交通，实现真正的快速公交。由于公建带贯通全市，这相当于把市一级的中心和各个分中心建设在一条线上，因此，没有必要再建若干个分中心，这样布局的好处在于克服了将市一级的功能，集中在一个中心区域上所造成交通量高度集中的弊端；也避免在一个市一级的中心组团之外，势必要同时建若干个分中心而造成的公交线路分散、运量不集中，从而导致某些线路公交车密度低、等待时间长的问题。

纵向公交走廊应该这样进行布局：在每个行驶方向上设慢车（站站都停）和快车（每四站停一次），快车应按每一站都有车停靠的要求分别设四路车，使每一站都有快车停靠。快车和慢车应在同一个站台的左右两侧分别停靠，这样既可方便快慢车之间的换乘，又可避免出现车辆排队等着进站的局面。快车和慢车都应像轨道车辆一样，按照时刻表准时停靠和开出，要采取进出站检票制度，避免在车上买票和检票，此外，要设置和火车站一样的候车棚，以方便等待和上下车。

2）将城市的纵向和横向的尺度设置为 1.5 左右∶1。这样做的好处，一是可以充分发挥纵向交通走廊的功能，二是有助于道路交通量的均匀分布。

3）在城市与公交走廊垂直的方向要设置若干条公交线路，每条线路与纵向公交走廊交汇处应有四站距离与公交走廊重合，以便于乘客直接换乘公交走廊上的快车。

4）从交通投资节约的资金中划分一部分补贴公交系统，充分降低公交的票价。

5）在公交走廊各车站附近设置适当数量的停车位和自行车棚，方便换乘公交的居民使用。

## 十二、社会公平

上述的各项目标实现以后，城市中对购买和使用小汽车将没有必要进行任何限制，后富起来的居民可以平等地购买和使用小汽车；此外，对于残疾、步行和骑自行车的弱势群体都能提供便捷舒适的出行条件。

## 十三、交通供给密度

这个问题在上述“一、”中已经得到解决，可以保证交通供给密度满足交通需求密度的要求。

# 第八章　城市交通新方法

技术方法和工程方案的发展规律总是由简单到复杂，又由复杂到更高水平的简单，城市道路交通方法的发展同样符合这个规律。对于城市道路交通，当人们没有找到治本的办法之前“有病乱投医”，在治理交通的探索当中，不可避免地尝试了多种多样的治理办法，经常处于“水多了加面，面多了加水”的局面，所以城市交通系统被搞得非常复杂。但是，一旦找到了治本的方法马上就会发现，解决汽车时代城市道路交通的治本方法竟是非常简捷的。当然，运用这个新方法改造现有城市的道路交通比建设新城市要复杂得多。但是，早改总比晚改好，本文将探讨现有城市交通道路改造得途径，供有关部门参考。

## 一、全立体化城市道路系统及采用该系统的交通方法

本文所提出的城市交通新方法已经申请国家发明专利和国际发明专利，现将发明专利的内容摘录如下：

本发明的目的在于提供一种全立体化城市道路系统，该系统采用较少的占地面积，使机动车与人及非机动车完全分离，提高道路的利用率，彻底解决城市道路堵车、停车难和交通区划问题。

本发明的另一目的在于提供采用上述系统的交通方法，该方法在城市道路交通中取消交通指挥灯，使城市现有交通道路分类中的快速路和主干路全部改变为快速路，能够实现车辆的快速、高效运行。

为了实现上述目的，本发明采用的技术方案为：

全立体化城市道路系统，该道路系统包括机动车道和非机动车道，所述交通系统为分层结构，一层为地面机动车道，在地面机动车道的地下层设置人行道或非机动车道；其中，人行道与地面机动车道对应设置；或人行道与地面机动车道

不对应设置，或设置在与地面机动车道并不对应的人行道层的其他地方。

进一步，上述交通系统也可以在地面机动车道的上方设置人行道或非机动车道；其中，人行道与地面机动车道对应设置，且在两侧设置的人行道或非机动车道之间设置横向通道；或人行道与地面机动车道不对应设置，或设置在与地面机动车道并不对应的人行道层的其他地方。

此处说明的是：人行道可以供徒步行走，也可以是非机动车道。或者，在人行道中划分为徒步行走的道路和非机动车道。

机动车道包括快速路和支干路，在快速路的交叉路口设分离式立交桥，立交桥用支干路完成匝道的功能。

或将支路的部分路口上方的人行道设置为环形通道或架空广场。或者在支干路相交处设置环形路，所述的环形路在右侧通行时，可以是逆时针方向单行。

此外，也可以将所述的地面机动车道全部设置为快速路，在快速路的交叉路口设分离式立交桥。

在两个快速路的交叉路口之间设置至少一个掉头道或在分离式立交桥下设置掉头道；优选在快速路的两个交叉口之间设置一个掉头道。

可在每两条平行的快速路之间设置用于作为快速路的匝道和通向小区路的通道。

道路两旁的建筑物一层为用于停车、绿化以及与行车有关的设施建设，也可用于在紧急情况下车辆绕行的架空层；设置在机动车道上部的人行道层直接与其相邻的架空层上部的楼板相连或不相连。

在城市的边界处和市内的部分地段的丁字路口附近设有掉头路；或者，设解决左转弯问题的专用匝道；或者，在快速路的丁字路口交替设立左转弯的分离式立交桥；或者，将丁字路口设在单行的支干路上。

此外，上述地面机动车道可以部分设置为高架路或地下通道；人行道可部分设在地面层与机动车道无冲突的地方。

本发明还涉及采用上述立体化城市道路系统的交通方法，其中机动车道包括快速路和支干路，快速路在交叉路口设分离式立交桥，快速路为直行和沿行驶方向向通行一侧转弯行驶，用支干路完成匝道的功能；或者，支干路为只允许直行或沿行驶方向向通行一侧转弯行驶。这样在快速路道口不设信号灯，人车分离，通行速度大大提高。这样虽然在某些路段需要绕行，但由于整体道路的畅通，将大大缩短行车时间。

上述快速路为直行或沿行驶方向向通行一侧转弯，是指对于对于规定为左侧通行的国家或地区，沿行驶方向只能够左转弯；而规定为右侧通行的国家或地区，沿行驶方向只能够右转弯。

支干路与支干路的交叉口可以只允许右转弯或按常规方式管理。

由于采用上述技术方案，将主干道全部改为快速路，增加快速路的密度，且取消传统的匝道，用支干路完成匝道的功能，同时取消向道路通行一侧的对侧转弯，在快速路上不再出现互通式立交桥。这样设计的结果，将人、车完全分离，一方面大量节约了道路占地面积，另一方面又实现了机动车道交叉路口的全部立交化或为无冲突点交通，在整个城市中形成纵横交错的无冲突点交通系统。

下面结合图和具体实施方式详细描述本发明。

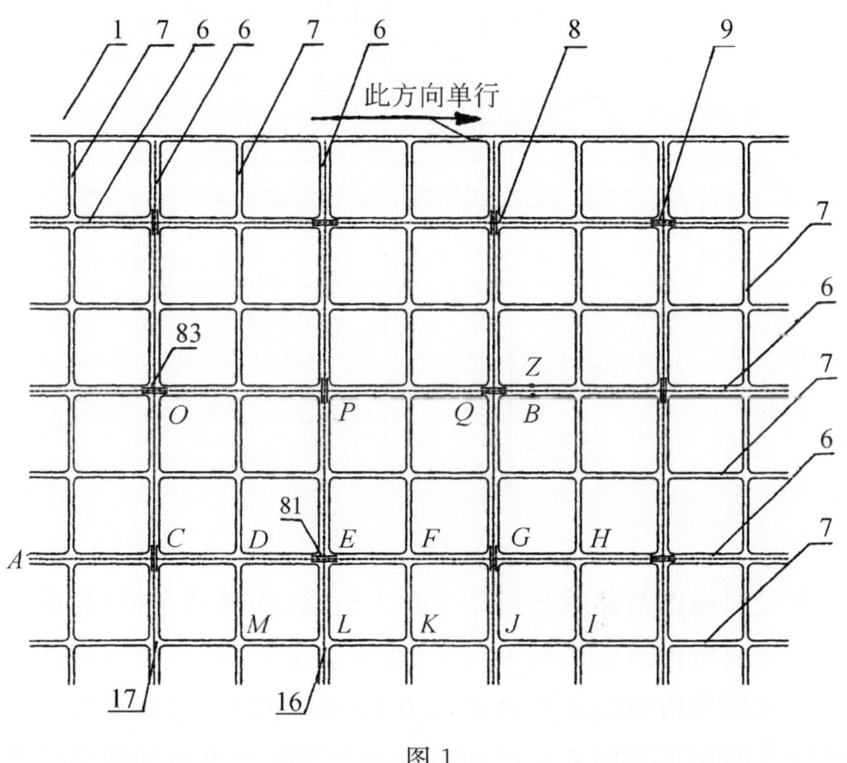


图 1

**附图说明**

图 1 是本发明城市道路系统机动车道的平面示意图；

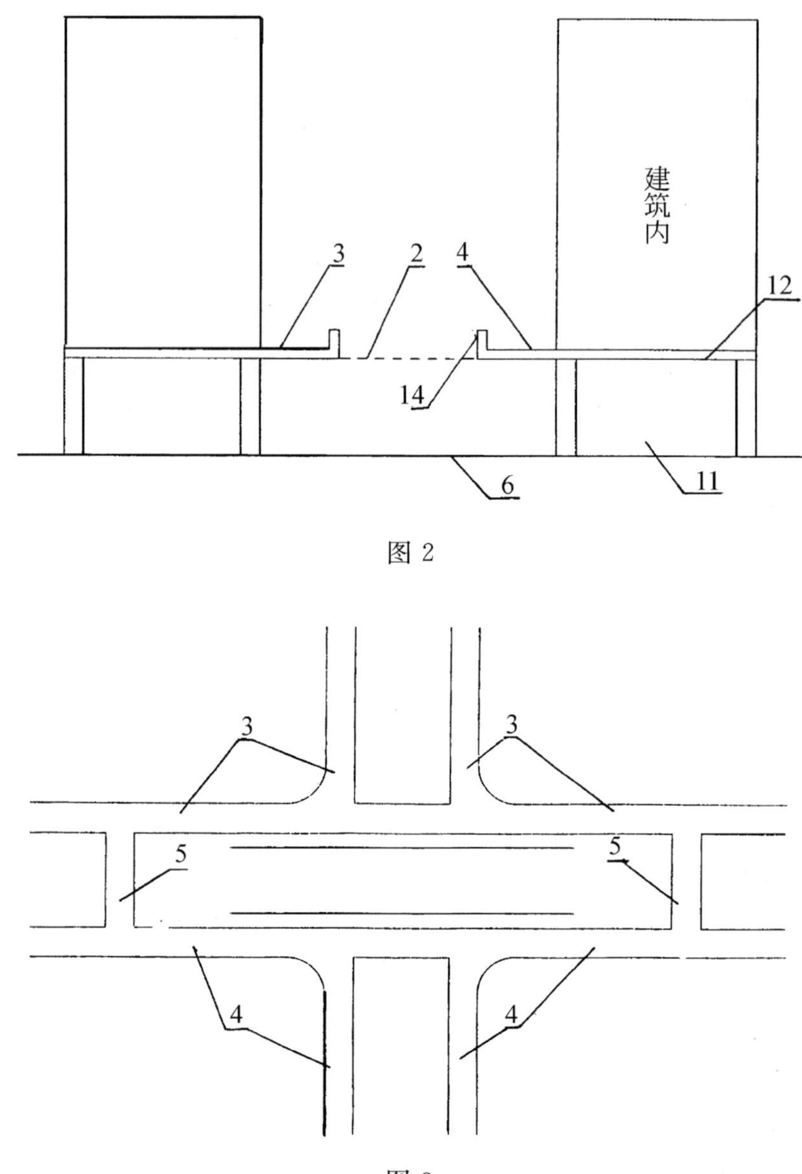


图 2

图 3

图 2 是本发明城市道路系统机动车和人行道(非机动车道)的示意图;

图 3 是本发明城市道路系统人行道(非机动车道)的平面示意图;

图 4 是本发明城市道路系统机动车道上掉头道的平面示意图;

图 5 是本发明城市道路系统机动车道中边界处和市内的部分地段的丁字路口的平面示意图;

图 6 快速路的丁字路口交替设立左转弯的分离式立交桥示意图;

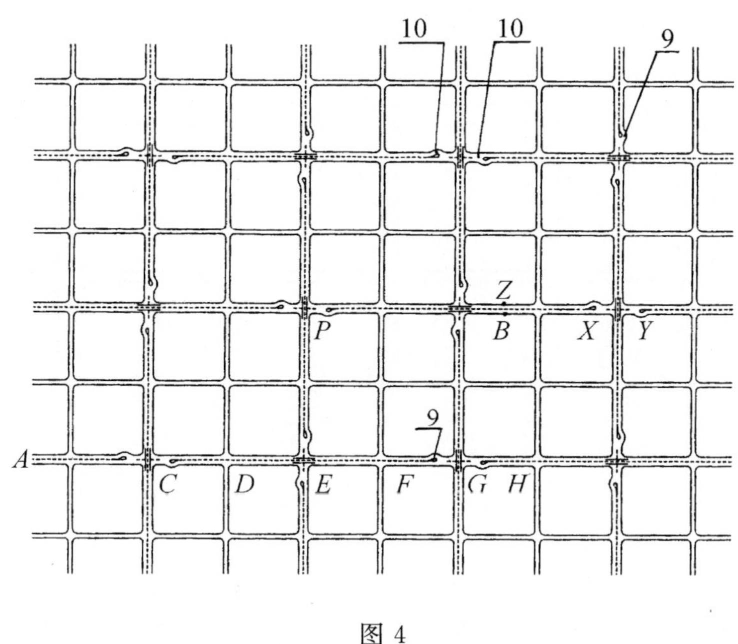


图 4

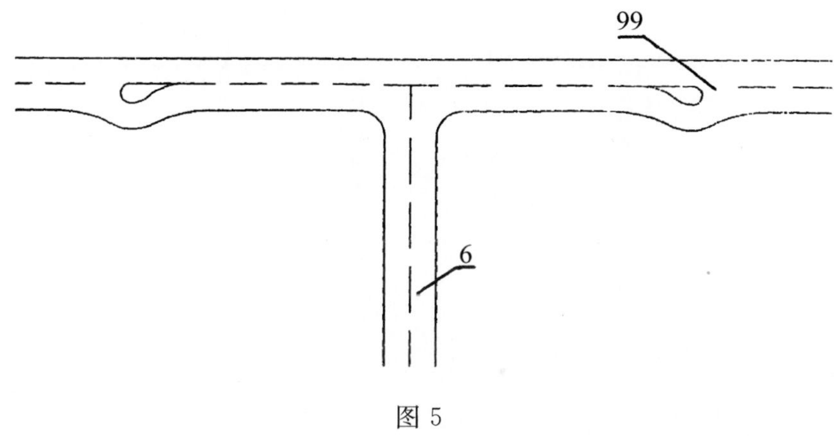


图 5

图 7 是本发明城市道路系统机动车道的一实施例平面示意图；

图 8 是本发明城市道路系统机动车道的另一实施例的平面示意图。

**具体实施方式**

本发明的全立体化城市道路系统，该道路系统包括机动车道 1 和非机动车道 2，所述交通系统为分层结构，一层为地面机动车道 1，在地面机动车道 1 的地下层设置人行道或非机动车道；其中，人行道与地面机动车道对应设置；或人行道与地面机动车道不对应设置，或设置在与地面机动车道并不对应的人行道层

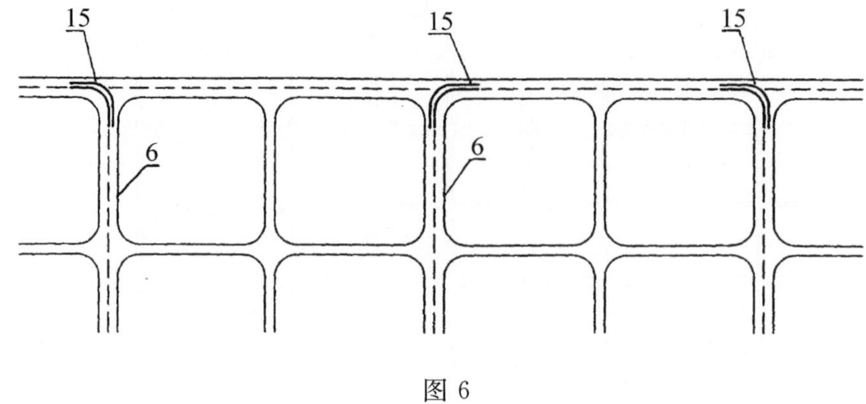


图 6

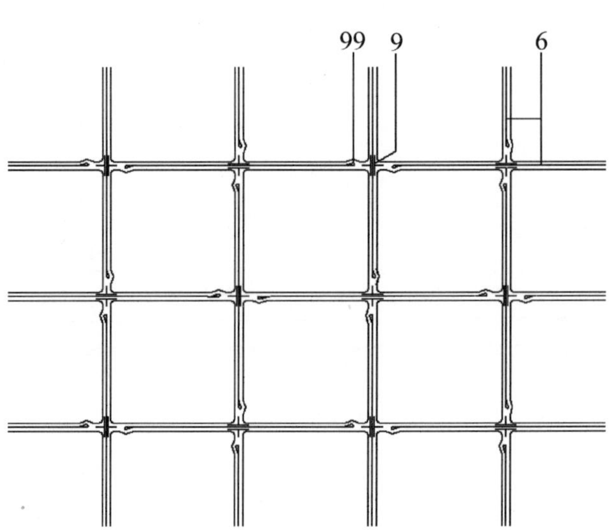


图 7

的其他地方(图中未示)。

此外,也可以在地面机动车道的上方设置人行道 1 或非机动车道 2;参见图 1、图 2,本发明的全立体化城市道路系统,人行道兼具非机动车道的作用,所述交通系统第一层的机动车道 1 设置在城市的地面上,机动车道的上方适当的高度上对应设置一层人行道 2,人行道层与机动车道层完全对应,或仅仅在机动车道 1 的两侧的上部分别设置适当宽度的人行道层 3、4,还可以在同一城市的交通系统中同时分别设置两种结构。

当在机动车道 1 的两侧的上部分别设置第一人行道层 3、第二人行道层 4 时,两侧的人行道 3、4 之间设置横向通道 5(如图 3)。人行道层 3 或 4 的至少一

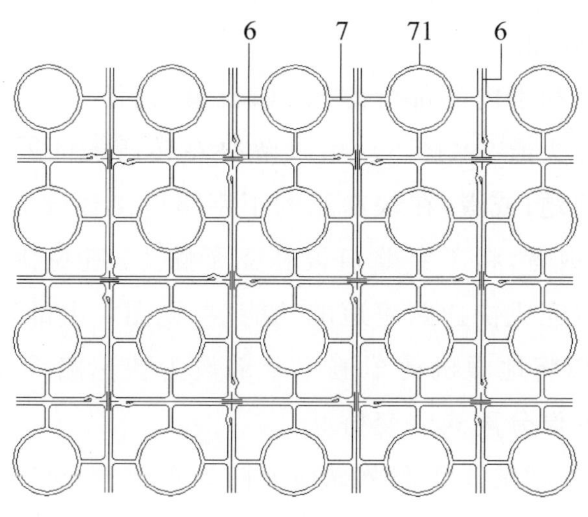


图 8

侧设置有护栏 14。在支路的部分路口上的人行道设置环形通道或架空广场。

或者，当第一人行道 3、第二人行道 4 与地面机动车道 1 不对应设置时，可以将人行道 2 设置在与地面车道不对应的人行道层的其他地方(图示结构省略)。

机动车道 1 包括快速路 6 和支干路 7，一条支干路 7 设置在每两条快速路 6 之间，用于作为快速路 6 的匝道和通向支路(小区路，图中未示)的通道。

在快速路 6 与快速路 6 的交叉路口 8 处设分离式立交桥 9，机动车道 1 用支干路 7 完成立交桥匝道的功能。支干路 7 与快速路 6 间距优选为 $L/2$，以减少占地。支干路兼做快速路的匝道。

参见图 4，快速路 6 上可在两个或两个以上交叉路口之间设置至少一个掉头道 10。掉头道 10 的数量也可以根据交叉路口之间的道路长度以及实际需要设置多个，以减少绕行距离。另外在交叉路口 8 处设置的分离式立交桥 9 处，也可以在立交桥 9 的下面设置掉头道(图中未示)。

道路 6 或 7 两旁的建筑物 19 的一层为架空层 11，在地面和一层楼板 12 之间形成架空层 11，建筑物架空层 11 可用于停车、绿化以及与行车有关的设施建设，也可用于在紧急情况下车辆绕行。当人行道层 3 或 4 临近建筑物时，人行道层 3 或 4 直接与架空层 11 上部的楼板 12 相连，即方便了行人出行，又节约了一侧的护栏。

城市的建筑物的一层也可以全部为架空层，用于停车、绿化以及改善城市通风，缓解城市的热岛现象。

在城市的边界处和市内的部分地段，如轨道、河流等处会出现丁字路口，在丁字路口附近设有掉头道 99(图 5)，用以解决左转弯的问题；或者，也可设专用匝道解决左转弯的问题；或者，在快速路的丁字路口交替设立左转弯的分离式立交桥 15(参见图 6)；或者，将丁字路口设在支干路上，避免快速路上出现丁字路口，该支干路单行，以完成快速路匝道的功能(参见图 1 上部)。

参见图 7，也可以将地面机动车道 1 全部设为快速路 6，在快速路 6 与快速路 6 的交叉路口 8 处设分离式立交桥 9。

一般的情况下，所述的支干路 7 纵横方向为正交(参见图 1)，或者，在其相交处增加一环行路 71(参见图 8)，所述的环行路 71 在右侧通行时，可以为逆时针方向单行。

上述立体化城市道路系统的交通方法为：参见图 1、4，如果机动车从 *A* 点出发欲到达 *B* 点，由于所有的快速路 6 不设置左转弯，机动车可以在快速路 6 的交叉路口 81，也就是 *E* 点右转，经快速路 6 的 *EL* 线，在交叉路口 16(*L* 处)右转至支干路 7，至快速路 6 与支干路 7 的交叉路口 17(*N* 处)，在交叉路口 17 右转弯，沿快速路 6 直行至快速路 6 的交叉路口 83(*O*)再右转弯，最后直行到达 *B* 点，整个路线表示为 *A-C-D-E-L-M-N-O-P-B*。采用这种路线，支干路 7 上的 *L-M-N* 起匝道的作用。或者按照 *A-C-D-M-N-O-B* 的路线到达 *B* 点，其他可行的路线包括但不限于 *A-C-D-E-F-K-L-E-P-B*，*A-C-D-E-F-G-H-I-J-Q-B* 等。这时，支干路 7 上的相应部分起匝道的作用。按照图 4 所示，机动车也可以利用快速路 6 的 *F-G* 之间设置的掉头道 10 掉头，行驶到 *E* 和 *P* 处分别右转弯，再直行至 *B* 点。在快速路上无须设置交通调度灯，车辆的行驶速度大大提高。

如果机动车从 *A* 点出发欲到达 *B* 点对面的 *Z* 点，择除上述行驶路线外，只须在图 4 所示的 *X* 处设置的掉头道 10 掉头，或在 *Y* 处立交桥 9 下设置的掉头道掉头，再直行到达 *Z* 点。其他城市道路之间的任何两点，都可以参照上述方法行驶。

对于左侧通行的国家，只需要将右转弯改为全部左传弯即可。

采用上述交通系统，在城市组团式规划的前提下，同时解决了堵车、停车难和交通的渠化问题，能够缩短出行时间，交通质量可以做到不受城市规模膨胀的影响。

初步估计，采用本发明的系统及方法，在现有道路占地面积的前提下，可以使城市的汽车容量增加 3～4 倍，到达同样距离的出行时间缩短 1 倍，城市每辆汽车容量的道路投资减少 1 倍，交通管理运行费用降低到常规的 1/3。

本发明的系统及方法，可以用于新城市的建设，也可以用作老城市道路改造的目标模式。在老城市改造中，可以毗邻老区按照本专利建设新区，并逐步减少老城区的交通量，再依据建筑物的更新速度，对老区道路进行逐步改造。

## 二、现有城市道路交通系统改造途径

**1. 首先验证和完善城市道路交通新方法**

现有城市道路交通系统的改造工程"牵一发而动全身"，应首先制定一套非常准确的改造规划和分步实施方案。由于这个改造规划是以上述城市道路交通新方法的思路为基础，所以必须对这个新方法进行验证，并在验证的基础上加以完善。建议在北京南部地区建设一个适度规模的新城区——"商务新城"，在新城区经完善并得到社会广泛认同以后，再以此为参考，全面制定现有城区道路交通系统改造的规划。

"商务新城"规模：人口 600 万，占地约 20 公里×20 公里，汽车容量 360 万辆，停车位 400 万个，不堵车且有独立的步行系统。

**2. 现有城区道路交通系统改造的"三步曲"**

第一步，按照上述发明中的办法，选择一部分急需改造的道路，实现人车彻底分离、建设简易立交、打通部分支路兼做立交桥的匝道。经过这种方式的改造，可以将道路的通行能力提高到 3～4 倍，可以实现这部分道路的完全畅通。

第二步，逐步将第一步的做法推广到全市，使原有的快速路、主干路和支干路全部实现连续流交通，彻底解决全市的交通拥堵问题，并同时实现无停顿的快速公交体系，提高公交出行的分担率。经过第二步的改造以后，城市的堵车问题解决了，宜人的步行系统也可全面建成，只是停车位数量无法满足汽车进一步增长的要求，汽车增长速度将自动受到抑制。

第三步，随着城市建筑的更新和改建，经过一代人或更多一点的时间，按照上述发明中的办法，全面完善机动车道路、步行道路和停车设施等三个系统的同步建设、协调发展，使城市道路交通系统完全适应汽车时代的要求，使城市跨入一个全新的时代。

## 三、“天文数字”的经济效益和重大的社会效益

城市道路交通新方法为我国所产生的经济效益可以用“天文数字”来形容，估计在今后 30～50 年中：

将减少堵车损失数万亿元；

为国家节约道路投资数 10 万亿元；

为国家节约城市公共交通投资数万亿元；

节约能源消耗费用数 10 万亿元；

交通管理费用节约 80％；

为汽车工业发展的内需市场创造 100～150 万亿元的发展空间；

城市少占耕地约 3.5 亿亩，占全国耕地的 19％；

城市内人流和物流的速度将提高 2～3 倍，将强有力地促进城市经济发展。

从社会效益方面说，由于同时解决了行车、停车和步行三个系统，将全面提升城市的生活素质；在土地资源、燃料资源、生态发展、社会公平和普遍享受汽车文明等方面，可以实现城市道路交通的可持续发展；由于采用城市道路交通新方法能够建设紧凑型的城市，从而保证城市功能的正常发挥。

关于各项技术经济指标的对比数据请阅本文摘要中的附表。

应该说明，关于经济效益的数字只是估算的结果，不会很准确，还需要各方面的专家共同进行论证。

# 第三篇

## 汽车城市主义

# 前　言

城市模式决定城市效率、城市生活品质、城市能源消耗高低和城市土地占有的多少，以及城市建设投资的可支付性问题。特别是在进入汽车时代以后，城市模式还决定城市的交通畅堵、城市的汽车容量以及是否能为汽车工业发展提供广阔的内需空间等问题。

汽车城市主义所提出的理论和方法，集中在一点就是要解决汽车时代城市模式的系统结构和建设方法。

本文的内容可以归结为以下两个问题。

一、可持续发展的城市模式应满足的条件是：

1. 城市的最佳密度为15000人/公里$^2$左右；

2. 市民汽车拥有率可高达600辆/千人；

3. 小汽车主要用于市内交通；

4. 公交车、小汽车和步行（含自行车）交通三分天下；

5. 完全不堵车，完全不存在停车困难；

6. 交通投资和交通能源消耗，按车均计算应为目前的1/4以下。

二、提出科学的城市模式和建设汽车（时代）城市的方法（包括建设新城区的方法和改造现有城区的方法）。

城市规划和建设是一个非常复杂的系统工程，需要多专业、多学科的专家及学者共同努力。本文只是作者个人多年来的研究成果，肯定会有不当和疏漏之处。作者呼吁成立汽车城市主义学会，共同完成这一划时代的艰巨任务。

# 目　录

## 一、汽车城市主义是《雅典宪章》和《马丘比丘宪章》思路的延续

汽车交通给现代城市所带来的问题在71年前的《雅典宪章》中已有明确的描述——“现代城市的混乱是机械时代无计划和无秩序的发展所造成的”，不幸的是，70多年过去了，仍然没有找到解决城市交通问题的理想方法。虽然进行了长期的、多方面的探索和试验，但是仍然没有掌握城市道路交通改造的主动权，城市交通改造的阶段性效果往往被高速增长的汽车所吞噬。从本质上说目前城市道路交通系统的改造并没有解决发展无序化的问题，问题的根源仍如《雅典宪章》所描述的——“今日城市中和郊外的街道系统多为旧时代的遗产，都是为徒步与行驶马车而设计的；现在虽然不断的加以修改，但仍不能适合现代交通工具（如汽车、电车等）和交通量的需要。”

问题的出路在哪里呢？在《雅典宪章》中也提出了明确的思路——“摩托化运输的普遍应用，产生了我们从未经验过的速度，它激动了整个城市的结构，并且大大影响了在城市中的一切生活状态，因此我们**实在需要一个新的街道系统，**以适应现代交通工具的需要。”

现代城市中的交通问题衍生出了城市土地的问题。城市土地问题和城市交通问题一样，都是城市可持续发展所面临的重大问题。在1977年的《马丘比丘宪章》中对此已有明确的描述——“自从1933年以来，尽管多方面的努力，**城市土地有限**仍然是实现规划好的城市建设的根本阻碍。所以，对这一问题今天仍迫切要求拟定有效的公平的立法，以便在不久的将来能够找到**确有很大改进的**解决城市土地的办法。”

从《雅典宪章》和《马丘比丘宪章》的思路中可以得出一个明确的结论——城市道路交通系统呼唤着一个划时代的转变。需要以这个划时代的转变为基础，确立城市空间结构的新模式，这就是汽车时代城市主义（简称汽车城市主义）的基本理念。

几十年前的这两个宪章所提出的问题实质上是城市的可持续发展问题。如今，这个问题已经严重到了非解决不可的程度，因为目前城市的道路交通模式已经严重暴露出了发展不可持续的问题。

## 二、汽车城市主义找到了“新的街道系统”和“解决城市土地的办法”

关于《雅典宪章》所期盼的“我们**实在需要**一个新的街道系统以适应现代交通工具的需要”，《马丘比丘宪章》所期盼的“能够找到**确有很大改进的**解决城市土地的办法”，在这里我们可以明确地宣布：在汽车城市主义的理论体系中同时解决了《雅典宪章》所期盼的新的街道系统和《马丘比丘宪章》中所期盼的解决城市土地的办法。

非机动化时代的交通为连续流，道路的本质功能即通行功能，得到了充分的发挥，畅达的城市交通保证了城市功能的正常运行。

城市的非机动化时代经历了两千多年，城市的机动化时代恐怕会经历更长的时间，非机动化时代与机动化时代的交汇期只有一百年左右。在这个交汇期，以前的城市交通有序状态被打破，进入了无序化的过渡状态，随着过渡状态的结束，城市交通将按照全新的规则进入新的有序状态。

目前，城市交通正处在机动化时代与非机动化时代的交汇时期，在这个交汇期的初期，汽车较少，交通基本上还是连续流，停顿的概率很少，但是当汽车拥有率超过一定的限度（在特大城市这个临界数字约为汽车拥有率100辆/千人）后，交通变成了典型的间断流，道路的通行功能将丧失70％以上，在发生交通拥堵时，道路的通行功能全部丧失。显然，只有使道路通行功能得到充分的发挥，汽车时代的交通问题才能真正得到解决。为此，必须创造在一种全新的道路交通模式，在这个新的道路交通模式下，无论是汽车还是步行，都应该是无需中途停顿的连续流交通，而且，这个新的交通模式必须保证，在汽车拥有率达到600辆/千人的饱和水平下，在城市有限的土地资源条件下，实现交通的畅达和宽裕的停车，保证一劳永逸地解决城市的交通问题。

城市交通应该尽快完成从交汇期向机动化时代的推进，完成这一个划时代的转变。汽车城市主义就是为了完成城市交通的划时代转变而提出的，其目的在于从根本上掌握城市道路交通发展的主动权，完成城市道路交通系统改造从“必然王国”向“自由王国”的飞跃。

## 三、汽车城市主义的提出

**1. 当今世界，汽车交通给城市带来了几乎是无法解决的诸多问题。针对汽车时代城市的可持续发展问题，我们提出一套确保以下六项目标实现的理论和具体方法，这就是汽车时代城市主义，简称汽车城市主义。**

**六项目标：**

(1) 彻底解决城市交通拥堵、停车困难和步行系统不宜人的问题。

(2) 避免我国城市用地将蔓延至占全国耕地的25%左右，而控制在6%以下。

(3) 使我国汽车饱和容量从6000万辆提高至6亿辆，确保汽车内需市场的发展空间，并满足人人都能享受购买和驾驶汽车的需要。

(4) 使汽车能源消耗大幅度降低至目前每辆车消耗水平的25%～30%，并为向电动汽车的过渡创造条件。

(5) 使平均每辆汽车的道路投资降低至四分之一左右，并不再需要修建地铁。

(6) 早日实现环保型绿色交通。

**2. 城市潜伏着严重的空间结构危机。**

在发生严重的交通拥堵之前，城市的空间结构比较紧凑，市区人口密度大约在15000人/公里$^2$左右。这个时期，城市的空间结构比较紧凑，能够满足城市聚集功能的要求。空间结构和聚集功能两者是协调的。但是，随着小汽车的高速增长，严重的交通拥堵迫使城市的空间结构向低密度方向扩展，在市区周围形成了很大面积的都市圈，市区人口向外疏散。目前，一些国际知名的大城市基本上处于这种状况。

但是，城市的这种低密度扩张，并没有解决市区的交通拥堵，却带来了以下五个方面的严重问题：

(1) 城市面积增大数倍以后，城市的效率明显降低，个别城市出现了中心区功能衰退的所谓空心化现象。

(2) 城市占用了大量的耕地，郊区化无序蔓延的结果，严重损害了整个国家的生态环境、损害了农业的发展。

(3) 随着汽车的高速增长,在城市低密度扩张的情况下,需要迅速建设庞大的道路网,这需要巨额的道路投资。这些投资的可支付性很差,而且无法得到起码的回报。

(4) 城市低密度扩张的结果,导致汽车出行距离的成倍增加,造成了出行时间和能源消耗大幅增加。

(5) 环境污染更加严重。

综上所述,城市原有的高密度空间结构不能适应汽车时代的要求,而现行的城市低密度扩张的空间结构,因为造成严重的后果,同样不能适应汽车时代的要求。城市空间结构的发展向何处去?这个问题至今在全世界各地都没有真正得到解决。目前,几乎世界所有大城市都在沿着低密度扩张的道路越走越远,我国也正在起步朝着这个方向走。城市空间结构沿着低密度扩张的方向发展下去,将导致不可持续发展的局面,这就是城市空间结构潜伏着的危机。

美国的新城市主义者看到了这个危机的存在,但是没能提出真正解决问题的办法。我们的研究表明,按照一种创新的理论——汽车城市交通工程学,可以彻底摆脱城市空间结构潜伏的危机。

**3. 汽车城市主义的四点主张**

(1) **小汽车主要用于城市之中**,而不是用于城市外围的交通。

(2) **汽车拥有率将不可抗拒地发展到 600 辆/千人左右**,城市应为汽车的普及使用创造无限的发展空间,而不应限制小汽车的购买和使用。

(3) **城市空间结构的发展目标,应该是人均占地 67 米$^2$ 左右(人口密度 15000 人/公里$^2$)的紧凑型城市。**其空间结构应能保证在 600 辆/千人汽车拥有率的条件下,不发生交通拥堵,同时具备车位充足的停车系统和人车彻底分流的步行系统。

(4) **建设交通低能耗的城市。**

目前全球汽车保有量约 7 亿辆,大约再经过一代人,将会达到 15 亿辆。石油危机总有一天会严重爆发,这对国家来说是一个重大的战略问题。汽车城市主义的目标就是要建立低交通能耗的城市。

城市交通能耗可以按下式估算:

$$\frac{\text{新交通模式城市交通能耗}}{\text{现行交通模式城市交通能耗}}=\frac{(r-1)\times 50\%+(r-1)\times 50\%\times 10\%}{[(R-1)\times 80\%+(R-1)\times 20\%\times 10\%]\times 1.3}$$

式中　$r$——采用新交通模式时，城市的半径。

$R$——采用现行新交通模式时，城市的半径。

系数 1.3 为采用现行交通模式时，由于堵车、路口停顿和寻找停车位所增加交通量等汽车油耗增加的系数。

当城市规模为 150 万人、340 万人和 600 万人时，上式计算结果分别为 1∶4.39、1∶4.15 和 1∶4.08。可见，按汽车城市主义的新交通模式，城市交通能耗将降低为采用现行交通模式的四分之一。

（上述估算公式的详细说明见本书第二篇“汽车城市交通工程学探讨”）

## 四、汽车城市主义的宗旨

### 1. 宗旨

充分发挥汽车文明的高效率和高舒适性，并充分克服汽车交通所产生的严重弊端，在城市汽车拥有率达到饱和水平（600 辆/千人）的条件下，建设符合城市本性的快乐的汽车城市。

所谓汽车城市是指进入汽车时代的城市。现有城市进入汽车时代的标志是汽车拥有率超过某一临界数值（特大城市临界数值约为 100 辆/千人），城市发生了不可逆转的交通拥堵。城市进入汽车时代后，汽车数量处于高速增长期，持续增长到 600 辆/千人左右，汽车数量趋于饱和。在汽车数量高速增长期，现有交通模式下的城市将被迫进行低密度扩展和郊区化无序蔓延，一方面大量占用了宝贵耕地。另一方面，城市市区陷入长期交通拥堵的泥潭之中，并永远得不到解决。汽车城市主义所倡导的汽车城市，是建立在新的城市交通模式基础上的新型汽车城市，既不多占用土地，也不发生交通拥堵。

### 2. 城市本性特征值

城市是人们聚集起来进行经济活动、政治活动、社会活动和日常生活的地域。城市的本性（即本质特征），在于人群的聚集。人群聚集的密度是经过长期的自然选择的，这个密度的数值大约在 15000 人/公里$^2$ 左右。可以说，**15000**

**人/公里$^2$是城市本性的特征值。**正是这个特征值，才形成了聚集的足够密度和城市特有的优势。

半个世纪以来，汽车在城市中所造成的交通拥堵，导致了城市的低密度扩张和郊区化的无序蔓延，其结果将使城市人口密度降低至3000人/公里$^2$左右，严重背离了城市本性的特征值。这种背离城市本性的现代城市出现了严重的大城市病。近20年来，人们苦于找不到彻底解决大城市病的办法，美国的新城市主义就是在这个背景下应运而生的。

新城市主义的产生引起了世界各国的高度关注，在我国有的学者也提出了"新城市主义的中国之路"。但是，可以明确地说，新城市主义根本不能解决现代城市背离城市本性的现象，更不符合中国的国情。如前面所谈到的，只有在15000人/公里$^2$的密度下，在600辆/千人汽车拥有率的前提下，彻底解决城市交通拥堵，才能满足城市本性特征值的要求，才能够使现代城市向城市本性回归。新城市主义所给出的交通导向开发模式（TOD）和传统邻里开发模式（TND），其人口密度平均为3600人/公里$^2$左右，与城市本性特征值相去甚远。

在汽车城市主义宗旨中所谈到的"快乐的汽车城市"，是指在饱和（600辆/千人）汽车拥有率的条件下，城市中既有畅达的无拥堵的汽车交通，又有公园式的、人车彻底分离的、宜人的步行系统；既具备随心所欲的私人驾车出行的条件，又有快速便捷的公交系统；既满足汽车的顺利通行，又满足所有汽车的停车需要。总之，这是一个省地、省时、节省能源和符合环保要求的高效运转的城市，是具备宽松交通条件的宜人城市。在这个城市中，无论是步行，驾车出行还是乘坐公交，都将是快乐的，而不是令人烦恼的。汽车文明给人们带来的只是快乐，而没有烦恼，人们生活在快乐的汽车城市之中。

## 五、汽车城市主义的基本观点

### 1. 可持续发展一票否决论

城市道路交通系统的规划是否满足可持续发展的要求，可以用以下三个必要条件来判断，只要有一个条件得不到满足，这个规划就不能满足可持续发展的要求，就应该被否决。这三个必要条件是：

(1) 汽车拥有率达到600辆/千人的饱和水平，城市不出现交通拥堵现象。

(2) 城市空间密度满足紧凑型城市的要求，15000人/公里$^2$或67米$^2$/人占地。

(3) 行车、停车和步行系统同步建设，全部车辆都有合适的停车位，并且有宜人的步行系统。

**2. 可持续发展充分条件论**

城市道路交通系统的规划只要同时满足以下六个条件，就一定是满足可持续发展的要求，这六个条件构成城市道路交通系统可持续发展的充分条件。这六个条件是：

(1)～(3)，与上述必要条件(1)～(3)相同。

(4) 每辆汽车的道路平均投资只相当于目前的四分之一左右。

(5) 每辆汽车的平均能耗只相当于目前的四分之一左右，并且有利于电动汽车等绿色交通工具逐步取代燃油汽车。

(6) 符合城市环保要求。

**3. 汽车密度决定论**

定义：这里的汽车密度是特指汽车密度极限，是城市在不发生交通拥堵的前提下，每平方公里汽车容量的最大值(辆/公里$^2$)。

**汽车密度对城市的效率、资源消耗、城市的集约化程度起决定性作用，也是决定城市本性特征值的基本指标。汽车密度对以下各项要素起决定性作用：**

(1) 城市人口密度(人/公里$^2$)＝汽车密度÷汽车拥有率

(2) 城市占有土地面积＝城市人口÷(汽车密度÷汽车拥有率)

(3) 汽车日平均出行距离与汽车密度的平方根成反比。

(4) 乘车日平均出行时间与汽车密度的平方根成反比。

(5) 汽车能源消耗与汽车密度的平方根成反比。

(6) 汽车污染物排出量与汽车密度的平方根成反比。

(7) 在城市人口规模不变的前提下，城市的汽车容量与汽车密度的平方根成正比。

(8) 在道路面积率不变的前提下，每辆汽车的城市道路投资与汽车密度成反比。

(9) 汽车密度对全国汽车的饱和容量起决定性作用，并间接地决定汽车工业发展的市场容量，间接影响城市内是否限制小汽车购买和限制小汽车出行等社会公平性问题。此外，还会影响到城市地铁的乘坐率，这涉及到是否兴建地铁等投资决策问题。

**4. 田园保护论**

汽车城市人均占地应控制在 67 米$^2$/人以下，城市和郊区的边界清晰。汽车城市主义主张，应该坚持这个城市用地指标，以保住广大的田园和郊野，维持国家良好的生态环境。

目前，西方各大城市郊区化无序蔓延的结果，占用了大量的田园用地。有识之士已经指出这是一个必须加以解决的严重问题。诞生于美国的新城市主义的主张之一，就是建立紧凑型城市，只不过新城市主义者没有找到建立紧凑型城市的具体方法，他们提出的新模式，城市人均占地仍高达 280 米$^2$/人以上。而我国人均耕地只有 800 多米$^2$，280 米$^2$/人在我国是无法承受的。我国城市人口达 10 亿、城市汽车拥有率达 6 亿辆时，按照现行的城市交通模式，城市用地将占全国耕地面积四分之一左右，而采用汽车城市主义所倡导的城市交通新方法，城市用地只占全国耕地面积的 6%以下。

**5. 汽车城内使用论**

在汽车拥有率达到饱和水平（600 辆/千人）时，小汽车主要在城市内使用。这是因为，在克服了城市郊区化无序蔓延的现象以后，为了保持城市以外田园和郊野的生态环境，不可能到处修路和停车位，将丧失小汽车在城市之外大量行驶和停车的条件，城际交通主要依靠公共交通。这样做的结果可以大幅度地降低小汽车的出行距离、能源消耗和环境污染。

**6. 出行方式互补论**

在汽车城市中，采用混合功能的社区规划原则，使居民日常生活的出行基本控制在步行（和自行车）可达的范围内。这原本是新城市主义者所主张的规划目标，但却是一个新城市主义者无法全面实现的目标，因为实现这个规划目标，需要以下三个前提条件：第一，人口密度满足汽车城市的本性特征值，以使社区人口规模达到 3 万人左右的必要规模；第二，只有在本文所倡导的交通畅达的汽车城市中，物流配送才能做到快捷和准时，这是实现社区内商业配套齐全和品牌商店在社区内设立连锁店、以及实行网上购物的前提条件；第三，人车彻底分流，步行的道路要采取公园式的布局，有绿化、有休闲座椅，便于邻里沟通。

采用这种规划方式，步行系统与乘车出行可以实现互补，有助于减少驾车出行的比重，提高城市的汽车容量。

在汽车城市主义所倡导的汽车城市中，没有交通拥堵，可以真正实现快速公交，同时由于具备宜人的步行系统，人们比较乐意走路去乘坐公交。所以，公交系统可以和自驾车出行实现互补，同样有助于减少驾车出行的比重，提高城市的汽车容量。

在汽车城市中，必须如上述的，创造步行与乘车的互补，公交与自驾车的互补，城市才可以变成快乐的汽车城市。

**7. 行车、停车和步行系统同步建设论**

在城市交通系统建设的每个阶段中，都必须保证行车、停车和步行系统同步建设。只有这样，城市交通才能随时保持良性局面，才不至于造成积重难返的后遗症。

同步建设的具体要求是，始终保持停车位的数量不小于汽车数量的110%；始终保持步行系统便捷、不中断、不绕行，并保持人车彻底分流。

**8. 绿色交通论**

城市的交通系统，必须有助于环保型汽车的推广和使用。

(1) 应适当控制城市的人口规模；

(2) 最大限度地提高(允许的)汽车密度，从而达到最大限度地减少日平均行驶距离，降低环保型汽车推广使用的门槛。

在没有交通拥堵，日行驶距离又较短的情况下，电动汽车等环保型汽车必将早日得到推广使用，形成城市的绿色交通。

**9. 系统刚性论**

几十年的实践证明，城市道路交通系统一旦建成，就很难适应交通需求的发展变化，如需调整，往往需要“伤筋动骨”式的改造。简而言之，**城市道路交通系统是一个不能进行弹性调节的刚性系统。**

按照系统刚性论，城市道路交通系统的规划设计必须按照交通的最终需求，一步到位地全面完成。这种规划的方式犹如三峡工程一样，一旦开工建设，规划就不能再作调整。因此，必须科学地预测，在城市汽车保有量高速成长期结束以后，当汽车拥有率达600辆/千人时，城市交通需求结构的全部内涵；必须科学地论证，汽车时代城市交通的新规律；必须全面制定，适应成熟期汽车城市的道路交通系统的判别条件，并在此基础上，提出汽车城市交通的最终模式。

汽车城市最终的交通模式也不过是现行道路交通结构要素的重新整合，关键在于提出一套科学的整合理论和整合方法。与整合理论和整合方法相比，具体的道路交通方案只能是第二位的，对道路交通规划方案可行性论证理论和科学的判别条件才是最重要的。

## 六、汽车城市主义的实践方法

### 1. 城市交通新方法

71 年前，《雅典宪章》所期盼的"实在需要一个新的街道系统"，至今并没有实现。27 年前，《马丘比丘宪章》所呼吁的"将来能够找到确有很大改进的解决城市土地有限的办法"，至今也没有得到解决。因此，必须在理论上搞清以下两个问题：一个是，上述两个宪章中所提出的问题是可解的还是不可解的？换句话说，这个解的存在性问题必须得到解决；其次，如果问题是可解的，它所依据的规律是什么？或者说现行的交通工程学理论存在着哪些重大缺陷，新的交通工程学理论如何创新？

汽车城市主义将对上述两个问题作出全面的回答。汽车城市主义所倡导的城市交通新理论和城市交通新方法，是汽车城市主义的技术基础，是汽车城市主义理论的一个组成部分。按照这个新理论和新方法，可以实现在城市人均占地 67 米$^2$、城市汽车拥有率高达 600 辆/千人的条件下，同时解决城市行车难、停车难和走路难的问题，可以顺利地建设成快乐的汽车城市。

**(1) 解决现有城市堵车的治本方法——4 倍汽车容量道路交通改造工程**

所谓 4 倍汽车容量道路交通改造工程，是指现有城市按这个方法进行道路交通系统改造之后，全市不堵车的汽车保有量可以提高到 4 倍，例如，按北京市目前道路情况，不堵车的汽车保有量只有 135 万辆，如按这个方法对北京市道路交通系统进行改造后，不堵车的汽车保有量可提高到 540 万辆。

采用《汽车城市交通工程学探讨》中所提出的方法，逐步将市区道路的交叉路口全部改为十字型的简单立交，不需要设立专用的匝道，不需要多占用土地，用相邻的支路完成匝道的功能。这样可以取消交叉路口的红绿灯、取消人行横道，汽车无需停顿，实现连续行驶，使汽车平均行驶速度由每小时15公里提高到每小时60～70公里。并在进行上述改造的同时，从总体上改善路网结构，包括拓宽道路瓶颈、打通部分支路等。

上述的十字型简单立交桥与分离式立交桥结构相同。可以依据立交桥的不同宽度，按照标准化、系列化的结构进行设计和组织工厂化施工，以利于缩短工期和保证施工质量。如果按每个路口的改造时间为3个月来计算，整个城市分三期全面铺开施工，估计交叉口的全部改造工作大约需要2年左右的时间。

在完成机动车道的上述改造之后，城市的汽车容量将可以提高到4倍，包括微循环在内的交通拥堵可以基本消除。

在上述道路交通改造中，是通过提高汽车平均车速(4倍)来达到大幅度提高城市汽车容量的目的，这在本质上是充分挖掘现有道路的通行能力，所以改造工程既节约投资，又节约时间。此外，**带有根本重要性的是，这种改造方法提高了城市中所有微循环道路的通行能力(4倍)，从而消除了产生堵车的根源。**

在进行上述机动车道改造的同时，采用《汽车城市交通工程学探讨》中所提出的方法，对人行道和自行车道同步进行改造。在人行道的改造中可以暂时保留部分地面的人行道，以维持路边商店商业功能的正常发挥。由于彻底解决了堵车问题，并且取消了红绿灯，公交车速可提高1～2倍，实现了真正的快速公交，所以城市有条件暂时取消自行车交通，用节约下来的大量道路投资补贴公共交通，大幅度地降低公交车票价，使骑车人改乘公共交通(对于自行车道，也可以采取高架路的办法，架设若干条自行车专用道路，其建设费用远远低于机动车高架路，施工也比较简单、快捷)。

以上的改造方式有三个好处：

(1) 将地面道路全部供汽车行驶(不需要建设供汽车行驶的高架路)。这样既实现人车彻底分流，提高道路的安全性和可靠性，彻底解决堵车问题，又能够缩短道路交通改造的时间，并大量节约道路投资。

(2) 建设与机动车道完全分离的、独立的人行道和自行车道，有利于弱势群体的出行，有利于减少机动车道交通量。

(3) 从长远效果来看，将使城市用地、车均道路投资、车均能源消耗等资源性指标节约75%左右，有利于城市的可持续发展。

现有城市近期的道路交通系统改造可以按上述方法进行，长期的改造应随着城市建筑的更新改造，逐步将地面道路全部改建为机动车道，补充扩建停车系统，并设置独立的步行系统。具体方法参见《汽车城市交通工程学探讨》。

**(2) 新城区可建成六倍汽车容量的道路交通系统**

按下述方法规划建设新城区的道路系统，可以使新城区的汽车容量提高为现行交通模式的6倍，并且彻底解决包括微循环在内的交通拥堵，可以同时建成车位充足的停车系统和人车彻底分离的、宜人的步行系统。

新城区机动车道的路网结构应尽量选择方格式路网，干路间距 $L$ 取700米左右，干路之间设一条支路，在道路面积率为22%时，干路取双向10车道，支路取双向6车道，干路的交叉口设分离式立交（隧道式或跨路桥式），不设专用匝道，用支路完成匝道的功能。路网示意图如下：

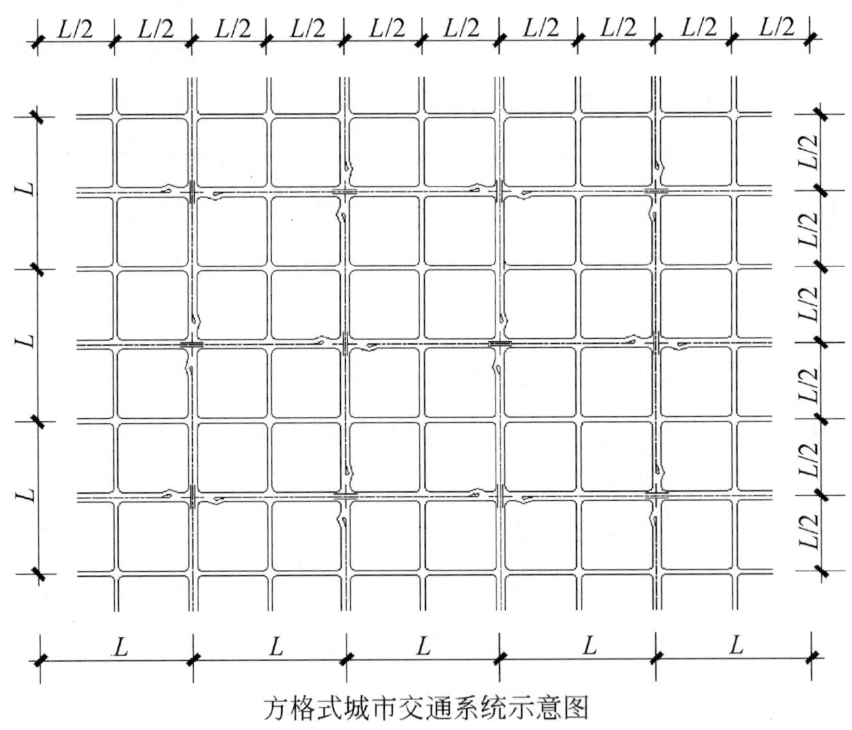

方格式城市交通系统示意图

按照所述方案建设新城区的道路交通系统，可以实现每平方公里汽车容量为9000～10000辆，这相当于现行城市交通模式下汽车容量的6倍，同时可以实现每平方公里具备10000～11000个停车位。

新城区道路交通系统的详细设计方案见《汽车城市交通工程学探讨》中专利说明书。

**2. 确定规划的参数**

在进行城市道路交通系统规划方案设计之前，应先依据城市交通新理论计算确定城市道路规划的基本参数：

城市适度规模、城市人均占地、道路密度、道路面积率、道路中车道面积占用率、车道数、道路交通容量密度、汽车容量密度、停车位密度、城市交通总容量、城市汽车总容量（允许最大汽车保有量）、城市停车位总数、建筑覆盖率、绿化面积率、公交车占出行比例、步行（含自行车）占出行比例、汽车日平均出行距离等。

**3. 确定城市空间结构方案**

以上列参数为依据，按照城市道路交通规划可持续发展的六个充分条件，设计各种可能成立的方案，经过优选比较，选定一个供实施的方案。本文作者已就优选方案申请了国家专利，详细说明见本文作者的另一专著《汽车城市交通工程学探讨》。

(1) 提高公交出行分担率的城市布局

见另一论文《关于提高公交出行分担率的研究》。

(2) 提高步行（含自行车）出行分担率的城市布局

见另一论文《关于提高步行出行分担率的研究》。

(3) 城市土地面积的均衡分配比例

1) 地面停车应占的面积比例

按停车位密度的要求：

每平方公里土地面积上停车面积＝(9900～11000)车位×30 米$^2$/车位

＝297000～330000 米$^2$

停车位中，按 1/3 放在地下人防工程，则地面停车占土地面积为 198000～220000 米$^2$，地面停车位所占面积应大于 22%。地面的停车位设置在建筑物首层架空层内，架空层顶部为房屋建筑及架空花园。

2) 取道路面积与架空层面积合在一起覆盖率为 55%，其中道路面积率为 22%，架空层覆盖率为 40%，两者重叠部分为 7%。架空层上房屋建筑覆盖率为土地面积的 15%，为 150000 米$^2$/公里$^2$。架空花园及架空层步行道路占土地面积的 25％(40％～15％)，为 250000 米$^2$/公里$^2$。

3）人口密度按 15000 人/公里$^2$ 计算，人均建筑面积按 100 米$^2$/人计算，建筑密度为 15000×100＝1500000 米$^2$/公里$^2$，建筑平均层数为 1500000 米$^2$/公里$^2$÷150000 米$^2$/公里$^2$＝10 层。

4）土地面积的另外 45％按城市规划的其他功能进行分配。

5）特别需要说明的是，按照上述优选方案，城市中没有必要兴建耗资巨大的地铁工程。

**4. 组建汽车城市主义学会**

城市道路系统规划是个十分复杂的系统工程，只有充分依靠建筑、城市规划、交通工程、道路工程、城市经济、生态学、环境学、社会学等多学科的专家和学者共同工作，才能够最终建成汽车时代的快乐城市。为此，本文倡议组建汽车城市主义学会。

# 附　　录

# 《雅典宪章》

（1933年8月）

## 一、定义和引言

城市与乡村彼此融会为一体而各为构成所谓区域单位的要素。

城市都构成一个地理的、经济的、社会的、文化的和政治的区域单位的一部分，城市即依赖这些单位而发展。

因此我们不能将城市离开它们所在的区域作单独的研究，因为区域构成了城市的天然界限和环境。

这些区域单位的发展有赖于下列各种因素：

1. 地理的和地形的特点——气候，土地和水源；区域内及区域与区域间之天然交通。

2. 经济的潜力——自然资源（包括土壤，下层土，矿藏原料，动力来源，动植物）；人为资源（包括农工业产品）；经济制度和财富的分布。

3. 政治的和社会的情况——人口的社会组织，政体及行政制度。

所有这些主要因素集合起来，便构成了对任何一个区域作科学的计划之惟一真实的基础，这些因素是：

(1) 互相联系的，彼此影响的。

(2) 因为科学技术的进步，社会政治经济的改革而不断的变化的。

自有历史以来，城市的特征，均因特殊的需要而定：如军事性的防御，科学的发明,行政制度,生产和交通方法的不断发展。

由此可知,影响城市发展的基本因素是经常在演变的。

现代城市的混乱是机械时代无计划和无秩序的发展所造成的。

## 二、城市的四大活动

居住、工作、游息与交通四大活动是研究及分析现代城市设计时最基本的分类。下面叙述现代城市的真实情况,并提出改良四大活动缺点的意见。

## 三、居住是城市的第一个活动

现在城市的居住情况:

城市中心区的人口密度太大,甚至有些地区每公顷的居民超过1000人。

过度拥挤在现代城市中,不仅是中心区如此,因为19世纪工业的发展,即使在广大的住宅区中亦发生同样的情形。

在过度拥挤的地区中,生活环境是非常不卫生的。这是因为在这种地区中,地皮过度地使用,缺乏空地,而建筑物本身也处在一种不卫生和败坏的情况中。这种情况因为这些地区中的居民收入太少,故更加严重。

因为市区不断地扩展,围绕住宅区的空旷地带也被破坏了,这样就剥夺了许多居民享受邻近乡野的幸福。

集体住宅和单幢住宅常常建造在最恶劣的地区,无论就住宅的功能讲,或是就住宅所必需的环境卫生讲,这些地区都是不适宜于居住的。人烟稠密的地区,往往是最不适宜于居住的地点,如朝北的山坡上,低洼、潮湿、多雾、易遭水灾的地方,或过于邻近工业区,易被煤烟、声响振动所侵扰的地方。

人口稀疏的地区,却常常在最优越的地区发展起来,特享各种优点:气候好,地势好,交通便利而且不受工厂的侵扰。

这种不合理的住宅配置,至今仍然为城市建筑法规所许可,它不考虑到种种危害卫生与健康的因素。现在仍然缺乏分区计划和实施这种计划的分区法规。现行的法规对于因为过度拥挤,空地缺乏,许多房屋的败坏情形及缺乏集体生活所需的设施等等所造成的后果并未注意。它们亦忽视了现代的市镇计划和技术之应用，这些在改造城市的工作上可以创造无限的可能性。

在交通繁忙的街道上及路口附近的房屋，因为容易遭受灰尘、噪声和臭味的侵扰，已不宜作为居住房屋。

在住宅区的街道上对于那些面对面沿街的房屋，我们通常都未考虑到它们获得阳光的种种不同情形。通常如果街道的一面在最适当的钟点内可以获得需要的阳光，则另外一面获得阳光的情形就大不相同，而且往往是不好的。

现代的市郊因为漫无管制的迅速发展，结果与大城市中心的联系（利用铁路、公路或其他交通工具）遭受到种种体形上无法避免的障碍。

根据上面所说的种种缺点，我们拟定了下面几点改进的建议：

住宅区应该占用最好的地区，我们不但要仔细考虑这些地区的气候和地形的条件，而且必须考虑这些住宅区应该接近一些空地，以便将来可以作为文娱及健身运动之用。在邻近地带如有将来可能成为工业和商业区的地点，亦应预先加以考虑。

在每一个住宅区中，须根据影响每个地区生活情况的因素，制定各种不同的人口密度。

在人口密度较高的地区，我们应利用现代建筑技术建造距离较远的高层集体住宅，这样才能留出必需的空地，作公共设施、娱乐运动及停车场所之用，而且使得住宅可以得到阳光、空气和景色。

为了居民的健康，应严禁沿着交通要道建造居住房屋，因为这种房屋容易遭受车辆经过时所产生的灰尘、噪声和汽车放出的尾气、煤烟的损害。

住宅区应该计划成安全、舒适、方便、宁静的邻里单位。

## 四、工作

### 1. 叙述有关工商业地区的种种问题

工作地点（如工厂、商业中心和政府机关等）未能按照各自的功能在城市中作适当的配置。

工作地点与居住地点，因事先缺乏有计划的配合，产生两者之间距离过远的旅程。

在上下班时间中，车辆过分拥挤，即起因于交通路线缺乏有秩序的组织。

由于地价高昂、赋税增加、交通拥挤及城市无管制迅速的发展，工业常被迫迁往市外，加上现代技术的进步，使得这种疏散更为便利。

商业区也只能在巨款购置和拆毁周围的建筑物的情形下，方能扩展。

**2. 可能解决这些问题的途径**

工业必须依其性能与需要分类，并应分布于全国各特殊地带里，这种特殊地带包含着受它影响的城市与区域。在确定工业地带时，须考虑到各种不同工业彼此间的关系，以及它们与其他功能不同的各地区的关系。

工作地点与居住地点之间的距离，应该在最少时间内可以到达。

工业区与居住区（同样和别的地区）应以绿色地带或缓冲地带来隔离。

与日常生活有密切关系而且不引起扰乱危险和不便的小型工业，应留在市区中为住宅区服务。

重要的工业地带应接近铁路线、港口、通航的河道和主要的运输线。

商业区应有便利的交通与住宅区及工业区联系。

## 五、游息

**1. 游息问题概述**

在今日城市中普遍地缺乏空地面积。

空地面积位置不适中，以致多数居民因距离远，难以利用。

因为大多数的空地都在偏僻的市区外围或近郊地区，所以无益于住在不合卫生的市中心的居民。

通常那些少数的游戏场和运动场所占的地址，多是将来注定了要建造房屋的。这说明了这些公共空地时常变动的原因。随着地价的高涨，这些空地又因为建满了房屋而消失，游戏场等不得不重迁新址，每迁一次，距离市中心便更远了。

**2. 改进的方法**

新建住宅区，应该预先留出空地作为建筑公园运动场及儿童游戏场之用。

在人口稠密的地区，将败坏的建筑物加以清除，改进环境卫生，并将这些清除后的地区改作游息用地，广植树木花草。

在儿童公园或儿童游戏场附近的空地上设立托儿所、幼儿园或初级小学。公园适当的地点应留作公共设施之用，设立音乐台、小图书馆、小博物馆及公共会堂等，以提倡正当的集体文娱活动。

现代城市盲目混乱的发展，不顾一切地毁坏了市郊许多可用作周末的游息地点。因此在城市附近的河流、海滩、森林、湖泊等自然风景优美之区，我们应尽量利用它们作为广大群众假日游息之用。

## 六、交通

### 1. 关于交通与街道问题的概述

今日城市中和郊外的街道系统多为旧时代的遗产，都是为徒步与行驶马车而设计的。现在虽然不断的加以修改，但仍不能适合现代交通工具(如汽车、电车等)和交通量的需要。

城市中街道宽度不够，引起交通拥挤。

现在的街道狭窄，交叉路口过多，使得今日新的交通工具(汽车电车等)不能发挥它们的效能。

交通拥挤为造成千万次车祸的主要原因，对于每个市民的危险性与日俱增。

今日的各条街道多未能按着不同的功能加以区分，故不能有效地解决现代的交通问题。这个问题不能就现有的街道加以修改(如加宽街道、限制交通或其他办法)来解决，惟有实施新的城市计划才能解决。

有一种学院派的城市计划由“姿态伟大”的概念出发，对于房屋、大道、广场的配置，主要的目的只在获得庞大纪念性排场的效果，时常使得交通情况更为复杂。

铁路线往往成为城市发展的阻碍，它们围绕某些地区，使得这些地区与城市别的部分隔开了，虽然它们之间本来是应该有便捷与直接的交通联系的。

### 2. 解决种种最重要的交通问题需要下面几个种改革

摩托化运输的普遍应用，产生了我们从未经验过的速度，它刺激了整个城市的结构，并且大大地影响了在城市中的一切生活状态，因此我们实在需要一个新的街道系统，以应现代交通工具的需要。

同时，为准备这新的街道系统，需要一种正确的调查与统计资料，以确定街道合理的宽度。

各种街道应根据不同的功能分成交通要道、住宅区街道、商业区街道、工业区街道等等。

街道上的行车速率，须根据其街道的特殊功用，以及该街道上行驶车辆的种类而决定。所以这些行车速率亦为道路分类的因素，以决定为快行车辆行驶之用或为慢行车辆之用，同时并将这种交通大道与支路加以区别。

各种建筑物，尤其是住宅建筑应以绿色地带与行车干路隔离。

将这种种困难解决之后，新的街道网将产生简化作用。因为借有效的交通组织将城市中各种功能不同的地区作适当的配合以后，交通即可大大减少，并集中在几条主要的干路上。

## 七、有历史价值的建筑和地区

有历史价值的古建筑均应妥为保存，不可加以破坏。

1. 真能代表某一时期的建筑物，可引起普遍兴趣，可以教育人民者。

2. 保留其不妨害居民健康者。

3. 在所有可能条件下，将所有干路避免穿行古建筑区，并使交通不增加拥挤，亦不妨碍城市有机的新发展。

在古建筑附近的贫民窟，作有计划的清除后，即可改善附近住宅区的生活环境，并保护该地区居民的健康。

## 八、总结

### 1. 以上各章的总结与说明

我们可以将前面各章关于城市四大活动之各种分析总结起来说：现在大多数城市中的生活情况，未能适合其中广大居民在生理上及心理上最基本的需要。

自机器时代开始以来，这种生活情况是各种私人利益不断滋长的一个表现。

城市的滋长扩大，是使用机器逐渐增多所促成——一个从工匠的手工业改成大规模的机器工业的变化。

虽然城市是经常地在变化，但我们可以说普遍的事实是：这些变化是没有事先加以预料的，因为缺乏管制和未能使用现代城市计划所认可的原则，所以城市的发展遭受到很大的损害。

一方面是必须担任的大规模重建城市的迫切工作，一方面却是市地的过度的分割。这两者代表了两种矛盾的事实。

**2. 这个尖锐的矛盾，在我们这个时代造成了一个最为严重的问题**

这个问题是使我们急切需要建立一个土地改革制度，它的基本目的不但要满足个人的需要，而且要满足广大人民的需要。

如两者有冲突的时候，广大人民的利益应先于私人的利益。

城市应该根据它所在区域的整个经济条件来研究，所以必须以一个经济单位的区域计划，来代替现在单独的孤立的城市计划。

作为研究这些区域计划的基础，我们必须依照由城市之经济势力范围所划成的区域范围来决定城市计划的范围。

**3. 城市计划工作者的主要工作是**

(1) 将各种预计作为居住、工作、游息的不同地区，在位置和面积方面，作一个平衡的布置，同时建立一个联系三者的交通网。

(2) 订立各种计划，使各区依照它们的需要和有机律而发展。

(3) 建立居住、工作和游息各地区间的关系，务必使在这些地区间的日常活动可以以最经济的时间完成，这是地球绕其轴心运行的不变因素。

在建立城市中不同活动间的关系时，城市计划工作者切不可忘记居住是城市的一个为首的要素。

城市单位中所有的各部分都应该能够作有机性的发展。而且在发展的每一个阶段中，都应该保证各种活动间平衡的状态。

所以城市在精神和物质两方面都应该保证个人的自由和集体的利益。

对于从事城市计划的工作者，人的需要和以人为出发点的价值衡量是一切建设工作成功的关键。

一切城市计划应该以一幢住宅所代表的细胞作出发点，将这些同类的细胞集合起来以形成一个大小适宜的邻里单位。以这个细胞作出发点，各种住宅、工作地点和游息地方应该在一个最合适的关系下分布到整个的城市里。

要解决这个重大艰巨的问题，我们必须利用一切可以供我们使用的现代技术，并需要各种专家的合作。

一切城市计划所采取的方法与途径，基本上都必须要受那时代的政治社会和经济的影响，而不是受了那些最后所要采用的现代建筑原理的影响。

有机的城市各构成部分的大小范围，应该依照人的尺度和需要来估量。

城市计划是一种基于长宽高三度空间而不是长宽两度的科学，必须承认了高的要素，我们方能作有效的及足量的设备，以应交通的需要和作为游息及其他用途的空地的需要。

最急切的需要，是每个城市都应该有一个城市计划方案与区域计划、国家计划整体地配合起来。这种全国性、区域性和城市性的计划之实施，必须制定必要的法律以保证其实现。

每个城市计划，必须以专家所作的准确的研究为根据，它必须预见到城市发展在时间和空间上不同的阶段。在每一个城市计划中将各种情况下所存在的每种自然的、社会的、经济的和文化的因素配合起来。

# 《马丘比丘宪章》

(1977年)

1933年现代建筑国际会议(简称CIAM)通过了一个文件，即后来著名的《雅典宪章》。此后，这一文件多少年来一直是欧美高等建筑教育的指针。1977年12月，一些城市规划设计师聚集于利马(Lima)，以《雅典宪章》为出发点进行了为时一周的讨论，四种语言并用，提出了包含有若干要求和宣言的《马丘比丘宪章》(CHARTER OF MACHUPICCHU)。

12月12日，与会人员在秘鲁大学建筑与规划系学生以及其他见证人陪同下来到了马丘比丘山的古文化遗址签署了新宪章，以表示他们对在专业培训及实践方面所提倡与探索的规划设计原理的坚定信念。

文件签署人明确表示《马丘比丘宪章》对于各设计专业，不应当是灵丹妙药，它不过是为了促使对专业的目标和职能进行多学科的综合评述。本宪章也旨在促进公开辩论，并过问各国政府所能够做到，也应当采纳的，有关改进世界上人类居住点质量的政策与措施。

国际建协(IUA)将授予国立利马大学以众所渴慕的琼·楚米奖金，以表彰该大学召开国际著名设计人士座谈会起草本宪章的首创精神。此奖金将于1978年10月在墨西哥城召开的第13届国际建协大会上正式颁发给宪章签署人代表团。

马丘比丘诗人，帕勃罗·聂鲁达(Pablo Neruda)曾以他的卓越的隐喻笔法把这座被人遗忘的城市描写成为“最高大的熔炉，它长期熔炼着我们的沉默”。我们这些聚集在一起的建筑师、教育家和规划师，承担了冲破当前的沉默这项严肃任务，本文件就是我们第一次集体努力的结果。

自从现代建筑国际会议(CIAM)发表了关于城市规划的理论与方法的文件以来，几乎已有45年，那文件就是《雅典宪章》。最近几十年来出现了许多新的情况要求对宪章进行一次修订。我们的成果应当成为国际性的各学科间的分析与辩论的课题，所有国家的知识界和专业人员、研究院和大学都应当参加。

过去曾有多次努力，想把《雅典宪章》更新一下。本文件只是作为我们所承担的工作的开始。1933年的“雅典宪章”仍然是本时代的一项基本文件。它可以提高、改进，但不是要放弃它。《雅典宪章》提出的许多原理到今天还是同当年一样地有效，它是建筑与规划的现代运动的生命力和连续性的证明。

1933年的雅典，1977年的马丘比丘，这两次会议的地点是具有重要意义的。雅典是西方文明的摇篮，马丘比丘是另一个世界的一个独立的文化体系的象征。雅典代表的是亚里士多德和柏拉图学说中的理性主义，而马丘比丘代表的却都是世界上启蒙主义思想所没有包括的，单凭逻辑所不能分类的一切。

《雅典宪章》所包含的各项概念，按照世界大多数国家的在城市化问题的讨论中所占的重要程度，依次提出如下几点修改意见。

## 一、城市与区域

《雅典宪章》承认城市及其周围区域之间存在着基本的统一性。由于社会认识不到城市增长和社会经济变所带来的后果，所以迫切需要毫不含糊地具体地对这项原则予以重新肯定。

今天，由于城市化过程正在席卷世界各地，已经刻不容缓地要求我们更有效地使用现有人力和自然资源。城市规划既然为需求、问题和机会提供了重要的系统的分析方法，一切与人类居住点有关的政府部门的基本责任，就是要在现有资源限制之内对城市的增长与开发制定指导方针。

规划必须在不断发展的城市化过程中反映出城市与其周围区域之间的基本动态的统一性，并且要明确邻里与邻里之间、地区与地区之间以及其他城市结构单元之间的功能关系。

规划的专业训练和技术必须应用于各级人类居住点上——邻里、乡镇、城市、都市地区、区域、州和国家——以便指导建设的定点、进程和性质。

一般地讲，规划过程包括经济计划、城市规划、城市设计和建筑设计，它必须对人类的各种需求作出解释和反应。它应该按照可能的经济条件和文化上的重要性提供与人民要求相适应的城市服务设施和城市形态。为达到这些目的，城市规划建立在各专业设计人、城市居民、公众和政治领导人之间的系统的不断的互相协作配合的基础上。

宏观经济计划与实际的城市发展的规划之间的普遍脱节，已经浪费掉为数不多的资源，并降低了两者的效用。以笼统的、相对抽象的经济政策为基础而作出的各种决定，往往在城市用地范围上反映出它的副作用。国家和区域一级的经济决策很少直接考虑到城市建设的优先地位和城市问题的解决，以及一般经济政策和城市发展规划之间的功能联系。结果系统的规划与建筑设计的潜在效益往往不能有利于大多数人。

## 二、城市增长

自从《雅典宪章》问世以来，世界人口已经翻了一番，正在三个重要方面造成严重的危机，即生态学、能源和食物供应。由于城市增长率大大超过了世界人口的自然增加，城市衰退已经变得特别严重，住房缺乏、公共服务设施和运输以及生活质量的普遍恶化已成了不可否认的后果。

《雅典宪章》对城市规划的探讨，并没有反映最近出现的农村人口大量外流而加速城市增长的现象。

可以看到城市的混乱发展有两种基本形式：

第一种是工业化社会的特色，就是私人汽车的增长，较为富裕的居民都向郊区迁移。而迁到市中心区的新住户以及留在那里的老住户缺乏支持城市结构和公共服务设施的能力。

第二种形式是发展中国家的特色，在那里，大批农村住户向城市迁移，大家都挤在城市边缘，既无公共服务设施又无市政工程设施。要处理这种情况远远超出了现行城市规划程序所可能做到的范畴。目前所做的不过是对这些自发的居住点凑合着提供一些最起码的公共服务。为提供小小的公共服务、卫生设施和住房所做的努力往往是自相矛盾的，这反而加剧了问题的严重性，更加鼓励了向城市迁移的势头。

因此，不论是哪一种形式，不可避免的结论是：人口增加，生活质量下降。

## 三、分区概念

《雅典宪章》设想，城市规划的目的是综合四项基本社会功能——居住、工作、游息和交通，而规划就是为了解决它们之间的相互关系和发展。这就引出了把城市划分为各种分区或几个组成部分的做法，于是为了追求分区清楚却牺牲了城市的有机构成。这一错误的后果在许多新城市中都可看到，这些新城市没有考虑到城市居民人与人之间的关系，结果是城市生活患了贫血症，在那些城市里建筑物成了孤立单元，否认了人类的活动要求流动的、连续的空间这一事实。

规划、建筑和设计，在今天不应当把城市当作一系列的组成部分拼在一起来考虑，而必须努力去创造一个综合的、多功能的环境。

## 四、住房问题

与《雅典宪章》相反，我们深信人的相互作用与交往是城市存在的基本根据。城市规划与住房设计必须反映这一现实。同样重要的目标，是要争取获得生活的基本质量以及自然环境的协调。

住房不能再当作一种实用商品来看待了，必须要把它看成为促进社会发展的一种强有力的工具。住房设计必须具有灵活性，以便易于适应社会要求的变化，并鼓励建筑使用者创造性地参与设计和施工。还需要研制低廉的建筑构件，以供需要建房的人们使用。

在人的交往中，宽容和谅解的精神是城市生活的首要因素，这一点应作为不同社会阶层选择居住区位置和设计的指针，而不要强行区分，这是同人类尊严不相容的。

## 五、城市运输

公共交通是城市发展规划和城市增长的基本要素。城市必须规划并维护好公共运输系统，以同城市化的要求与能源的衰竭相平衡。交通运输系统的更换必须估算它的社会费用。并在城市的未来发展规划中适当地予以考虑。

《雅典宪章》很显然把交通看成为城市的基本功能之一，而且含蓄地认为交通首先决定于作为个人运输工具的汽车。44年来的经验证明，道路分类、增加车行道和设计各种交叉口方案等方面，根本不存在最理想的解决方法。所以将来城区交通的政策，显然应当是使私人汽车从属于公共运输系统的发展。

城市规划师与政策制定人，必须把城市看作在连续发展与变化的过程中的结构体系，它的最后形式是很难事先看到或确定下来的。运输系统是联系市内外空间的系统的相互连接的网络。其设计应当允许随着城市的增长、变化及形式作经常的试验。

## 六、城市土地使用

《雅典宪章》坚持建立一个立法纲领，以便在满足社会用地要求时，可以有秩序地并有效地使用城市土地，并设想私人利益应当服从公共利益。

自从1933年以来，尽管多方面的努力，城市土地有限仍然是实现规划好的城市建设的根本阻碍。所以，对这一问题今天仍迫切要求拟订有效的公平的立法，以便在不久的将来能够找到确有很大改进的解决城市土地的办法。

## 七、自然资源与环境污染

当前最严重的问题之一是我们的环境污染迅速加剧，现在已经到了空前的具有潜在的灾难性的程度。这是无计划的爆炸性的城市化和地球自然资源滥加开发的直接后果。

世界上城市化地区内的居民被迫生活在日趋恶化的环境条件下，与人类卫生和福利的传统概念和标准远远不相适应，这些不可容忍的条件，包括在城市居民所用的空气、水和食品中有大量的有毒物质以及有损身心健康的噪声。

控制城市发展的当局必须采取紧急措施，防止环境继续恶化，并按照公认的公共卫生与福利标准恢复环境的固有的完整性。

在经济城市规划方面，在建筑设计、工程标准和规范以及在规划与开发政策方面，也必须采取类似的措施。

## 八、文物和历史遗产的保存和保护

城市的个性和特性取决于城市的体型结构和社会特征。因此不仅要保存和维护好城市的历史遗址和古迹，而且还要继承一般的文化传统。一切有价值的说明社会和民族特性的文物必须保护起来。

保护、恢复和重新使用现有历史遗址和古建筑必须同城市建设过程结合起来，以保证这些文物具有经济意义，并继续具有生命力。

在考虑再生和更新历史地区的过程中，应把设计质量优秀的当代建筑物包括在内。

## 九、工业技术

《雅典宪章》在讨论工业活动对城市所产生的影响时，略微提到了工业技术的作用。

在过去44年内，世界经历了空前的工业技术发展，技术惊人地影响着我们的城市以及城市规划和建筑的实践。

在世界的某些地区，工业技术的发展是爆炸性的，技术的扩散与有效应用是我们时代的重大问题之一。

今天科学与技术的进步，以及各国人民之间交往的改进，应当可以使人类社会克服地区的局限性和提供充分的资源去解决建筑和规划问题。然而对这些资源不加批判地使用，往往为了追求新颖或者由于文化依靠性的恶果，而造成材料、技术和形式的应用不当。

因此，由于技术发展的冲击，结果是出现了依赖人工气候与人工照明的建筑环境。这样的做法对于某些特殊问题是可以的，但建筑设计应当是创造在自然条件下能适合功能要求的空间与环境的过程。

应当清楚地了解，技术是手段并不是目的。技术的应用应当是在政府适当支持下进行认真的研究和试验的实事求是的结果。

在有些地区，需要高度工业化的生产过程或施工设备是难以获得和推广的。这不应当因此而在技术上要求不严或者在解决当前的问题上就可以不讲究建筑设计，要在可能的范围内找出解决问题的方案，这对建筑与规划来说仍然是种挑战。

施工技术应当努力采用经济合理的方法，做到设备能重复使用，利用资源丰富的材料生产结构构件。

## 十、设计与实施

建筑师、规划师与有关当局要努力宣传使群众与政府都了解，区域与城市规划是个动态过程，不仅要包括规划的制定，而且也要包括规划的实施。这一过程应当能适应城市这个有机体的物质和文化的不断变化。

此外，为了要与自然环境、现有经济条件和形式特征相适应，每一特定城市与区域应当制定合适的标准和开发方针。这样做可以防止照搬照抄来自不同条件和不同文化的解决方案。

## 十一、城市与建筑设计

《雅典宪章》本身没有涉及建筑设计。宪章制定人并不认为有此必要，因为他们认为“建筑是在光照下的体量的巧妙组合和壮丽表演”。

勒·柯布西耶的“太阳城”就是由这样的“体量”组成的。他的建筑语言是与立体派艺术相联系的，也是与把城市按功能分隔成不同的元素那种思想完全一致的。

在我们的时代，现代建筑的主要问题已不再是纯体积的视觉表演，而是创造人们能在其中生活的空间。要强调的已不再是外壳而是内容，不再是孤立的建筑(不管它有多美、多讲究)，而是城市组织结构的连续性。

在1933年，主导思想是把城市和城市的建筑分成若干组成部分。在1977年，目标应当是把那些失掉了它们的相互依赖性和相互联系性，并已经失去其活力和涵义的组成部分重新统一起来。

建筑与规划的这个再统一不应当理解为古典主义的“先验地统一”(注：或者简单地说复古)，应当明确指出，最近有人想恢复巴黎美术学院传统，这是荒唐地违反历史潮流，是不值得一谈的。因为用建筑语言来说，这种倾向是衰亡的症状，我们必须警惕倒退到19世纪玩世不恭的折衷主义道路上去，相反我们要走向现代运动新的成熟时期。

30年代，在制定《雅典宪章》时，有一些发现和成就今天仍然有效，那就是：

*a*. 建筑内容与功能的分析。

*b*. 不协调的原则。

*c*. 反透视的时空观。

*d*. 传统盒子式建筑的解体。

*e*. 结构工程与建筑的再统一。

建筑语言中的这些常数或“不变数”还需加上：

*f*. 空间的连续性。

*g*. 建筑、城市与园林绿化的再统一。

空间连续性是弗兰克·劳埃德·赖特的重大贡献，相当于动态立体派的时空概念，尽管他把它应用于社会准则如同应用于空间方面一样。

建筑—城市—园林绿化的再统一是城乡统一的结果。现在是坚持建筑师要认识现代运动历史的时候了，要停止搞那些由纪念碑式盒子组成的过了时的城市建筑设计，不管是垂直的、水平的、不透明的、透明的或反光的建筑。

新的城市化概念追求的是建成环境的连续性，意思是说每一座建筑物不再是孤立的，而是一个连续统一体中的一个单元，它需要同其他单元进行对话，从而使其自身的形象完整。

这种形象待续的原则（就是说，本身形式的完整性有待与其他建筑联系起来相辅而完成）并不是新的。意大利文艺复兴派大师发现了这一原则，由米开朗琪罗发扬光大。不过在我们这个时代，这不仅仅是一条视觉原则，而且更根本的是一条社会原则。近几十年来，音乐和造型艺术领域内的经验证明，艺术家现在不再创造一个完整的作品。他们在创作过程中往往只进行到创作的四分之三的地方就中止了，这样使观众不再是艺术品的消极的旁观者，而是多价信息（Polyvalent message）中的积极参与者。

在建筑领域中，用户的参与更为重要，更为具体。人们必须参与设计的全过程，要使用户成为建筑师工作整体中的一个部分。

强调"不完整"或"待续"并不降低建筑师或规划师的威信。相对论和测不准论并未削弱科学家的威信。相反恰好提高了威信，因为一位不信奉教条的科学家比那些过时的"万能之神"更受人尊敬。如果群众能被组织到设计过程中来，建筑师的联系面会增加，建筑上的创造发明才能也将会丰富和加强。一旦建筑师从学院戒律和绝对概念中解放出来，他们的想像力会受到人民建筑的巨大遗产的影响而激发出来——所谓人民建筑是没有建筑师的建筑，近几十年来人们曾对此作了大量研究。

可是，我们必需谨慎从事。应当认识到虽然地方色彩的建筑物对建筑设计想像是有很大贡献的，但不应当模仿。模仿在今天虽然很时髦，却像复制帕提农神庙一样的无聊。问题是同模仿截然不同的。很清楚，只有当一个建筑设计能与人民的习惯、风格自然地融合在一起的时候，这个建筑设计才能对文化产生最大的影响。要做到这样的融合必须摆脱一切老框框，诸如维特鲁威柱式或巴黎美术学院传统以及勒·柯布西耶的5条设计原则。

## 十二、结束语

古代秘鲁的农业梯田受到全世界的赞赏，是由于它的尺度和宏伟，也由于它明显地表现出对自然环境的尊重。它那外表的和精神的表现形式是一座对生活的不可磨灭的纪念碑。本宪章就是在这种相同的思想鼓舞下谨慎地提出的。

# 参 考 文 献

1 全永燊·路在何方——纵谈城市交通．北京:中国城市出版社,2002

2 (美)凯文·林奇．城市形态．林庆怡,陈朝晖,邓华译．北京:华厦出版社,2001

3 中国城市规划学会,全国市长培训中心．城市规划读本．北京:中国建筑工业出版社,2002

4 综合开发研究院(中国·深圳)大连万达集团．新城市主义的中国之路．北京:中国建筑工业出版社,2003

5 陆锡明．综合交通规划．上海:同济大学出版社,2003

6 丁健．现代城市经济．上海:同济大学出版社,2001

7 潘海啸,杜雷．城市交通方式和多模式间的转换．上海,同济大学出版社,2003

8 王连威．城市道路设计．北京:人民交通出版社,2002

9 王殿海．交通流理论．北京:人民交通出版社,2002

10 马荣国,杨立波．交通工程设计理论与方法．北京:人民交通出版社,2002

11 张碱生．交通工程学基础．北京:人民交通出版社,2002

12 李作敏．交通工程学．北京:人民交通出版社,2000

13 任福田,刘小明,荣建等．交通工程学．北京:人民交通出版社,2003

14 陈胜营,汪亚干,张剑飞．公路设计指南．北京:人民交通出版社,2000

15 中国公路学会《交通工程手册》编委会．交通工程手册．北京:人民交通出版社,1997

16 徐吉谦．交通工程总论．北京:人民交通出版社,2002

17 周荣沾．城市道路设计．北京:人民交通出版社,1998

18 陆化普等．城市交通管理评价体系．北京:人民交通出版社,2003

19 杨佩昆,吴兵．交通管理与控制．北京:人民交通出版社,2003

# 参考文献